한 번에 합격!
해커스 감정평가사
합격 시스템

강사력
업계 최고수준
교수진

교재
해커스=교재
절대공식

관리시스템
해커스만의
1:1 관리

취약 부분 즉시 해결!
교수님 질문게시판

언제 어디서나 공부!
PC&모바일 수강 서비스

해커스만의
단기합격 커리큘럼

초밀착 학습관리
& 1:1 성적관리

합격생들이 소개하는 생생한 합격 후기!

해커스 선생님들 다 너무 좋으시네요.
꼼꼼하고 친절하게 잘 설명해 주셔서
수업이 즐거워요.
암기코드 감사히 보고 있습니다.

- 권*빈 합격생 -

문제풀이 하면서 고득점 팁까지
알려주셔서 듣길 잘했다는 생각이 들어요.
수업 분위기도 밝고 재미있어서 시간이
금방 가네요!

- 오*은 합격생 -

해커스 감정평가사

이성준
감정평가실무

2차 **문제집** [기초]

해커스

해커스 감정평가사
ca.Hackers.com

PREFACE

'감정평가실무'는 이론 및 실무에 관한 기본적 이해를 바탕으로 실무적 논점을 해결하는 학문이다. 따라서 실무적 사례에 대한 이해와 연습은 감정평가실무 해결을 위한 필수적인 과정이라 할 수 있다. **<감정평가실무 기본서>** 학습을 통해 실무에 관한 다양한 이론을 접하고 예제 문제를 연습함으로써 실무의 기초를 다졌다면, 실무 사례 연습을 통해 좀 더 구체적이고 현업에서 중요시하는 논점의 영역으로 발전할 수 있을 것이다. <해커스 감정평가사 이성준 감정평가실무 2차 문제집 기초>는 다음과 같은 특징을 갖고 있다.

1. 저자가 10년 이상의 실무적 경험을 바탕으로 실제 사례를 기본서 내용과 접목했다.
   일반거래 · 담보 · 경매 · 소송 · 보상평가 등 다양한 영역, 다년간의 경험을 바탕으로 실무적 논점을 감정평가 기본 이론에 접목해 수험생들의 이해를 높였으며, 실제 사례 제시를 통해 이질감을 최소화하였다.

2. 다양한 사례를 제시하여 변형된 문제에 적응할 수 있도록 집필하였다.
   감정평가의 개별성에 따른 다양한 케이스를 제시하고 이러한 문제를 원론적으로 풀이할 수 있도록 풀이 방식에 대한 원칙과 예외에 대해 설명하고 공부의 방향성을 제시하였다.

3. 제한된 시간 내에 문제를 풀어야 하는 논술형 시험의 특성을 고려하여 다양한 형식의 답안을 제공하였다.
   이는 초급 수준의 답안 구성을 시작으로 중급 수준의 답안 구성까지 연습함으로써, 출제자의 의도를 정확히 파악해 최종 답안을 작성하기 위함이다. 즉, 최종 합격을 위한 전략적인 답안 구성이 빌드업될 수 있도록 구성하였다.

4. 수험생의 단계적 수준에 맞춰 문제를 기초 수준 난이도로 조정하여, 2차 과목 중 가장 접근이 어렵다고 평가되는 감정평가실무에 대한 부담을 줄이기 위해 노력하였다.
   초급자 수준의 수험생을 위한 교재로, 중급 이상의 난이도를 가지는 다양한 실무 문제를 접하기에 앞서 문제 유형 및 자료의 해석 등을 기초적 수준에서 미리 경험하도록 하였다. 초급 수준의 문제 풀이를 통해 감정평가실무에 관한 부담을 줄이고, 실무에 대한 실력을 한 단계 향상시킴으로써 자연스럽게 중급 이상의 수준이 될 수 있도록 문제를 구성하였다.

본 교재를 통해 수험생들이 감정평가실무에 대한 부담감을 덜고 나아가 실무 문제 풀이 실력 향상의 발판이 되길 바라며, 감정평가사 시험의 최종 합격을 기원한다.

연구실에서
감정평가사 이성준

목차

		문제편	답안편

비교방식

원가방식

수익방식

		문제편	답안편

기타감정평가방식

물건별 감정평가방식

투자의사결정

목적별 감정평가

해커스 감정평가사
ca.Hackers.com

문제편

문제 01 토지 비교방식(공시지가기준법)

감정평가사 이씨는 아래와 같은 물건에 대해 시가참조용 감정평가를 의뢰받았다. 관련 규정에 근거하여 비교표준지 선정기준을 밝히고 대상물건의 감정평가액을 결정하되, 비교표준지 배제사유를 적시하시오. (10점)

자료 1   대상물건 개요

1. 소재지: A동 340번지
2. 지목: 대
3. 면적: 400㎡
4. 이용상황: 주거나지
5. 용도지역: 제2종일반주거지역
6. 개별요인: 세로(가), 정방형, 평지
7. 기준시점: 2025.7.12.

자료 2   인근지역 비교표준지(공시기준일: 2025.1.1. 단위: 원/㎡)

기호	소재지	지목	면적(㎡)	이용상황	용도지역	도로교통	형상지세	공시지가
1	A동 320	대	600	주상용	2종일주	소로한면	가장형 평지	5,550,000
2	A동 400	대	450	주거용	2종일주	세로(가)	정방형 평지	5,000,000
3	A동 450	대	1,000	주거용	2종일주	세로(가)	가장형 평지	4,850,000
4	A동 470	대	400	주거용	1종일주	세로(가)	세장형 평지	4,100,000

자료 3   선정된 표준지와의 요인별 비교치

시점수정치	지역요인	개별요인	그 밖의 요인
1.01357	1.000	1.000	1.30

문제 02 토지 비교방식(공시지가기준법)

감정평가사 이씨는 아래와 같은 물건에 대해 일반거래 목적의 감정평가를 의뢰받았다. 관련 규정에 근거하여 비교표준지 선정(배제사유 적시)하고 대상물건의 감정평가액을 결정하시오. (10점)

자료 1   대상물건 개요

1. 소재지: A동 500번지
2. 지목: 대
3. 면적: 450㎡
4. 이용상황: 주거나지
5. 용도지역: 제2종일반주거지역
6. 개별요인: 중로한면, 가장형, 평지
7. 기준시점: 2025.7.12.

자료 2   비교표준지(공시기준일: 2025.1.1. 단위: 원/㎡)

기호	소재지	지목	면적 (㎡)	이용 상황	용도 지역	도로 교통	형상 지세	공시지가
1	A동 320	대	1,500	주상용	2종일주	중로각지	정방형 평지	5,300,000
2	B동 400	대	450	주거용	3종일주	중로한면	가장형 평지	6,300,000
3	A동 450	대	500	주상용	2종일주	중로한면	가장형 평지	4,800,000
4	B동 470	대	400	주거용	2종일주	중로각지	세장형 평지	4,400,000

※ 상기 표준지는 행정구역상 '구'는 동일하나 동에 따라 교통시설 및 편의시설의 접근성에 다소 차이가 있음

자료 3   표준지와의 요인별 비교치(접근성 제외, 이용상황 포함)

시점수정치	지역요인	개별요인	그 밖의 요인
1.00253	1.000	0.950	1.25

문제 03 토지 비교방식(공시지가기준법)

H감정평가법인은 아래와 같은 물건에 대해 경매 감정평가를 의뢰받았다. 관련 규정에 근거하여 대상물건의 감정평가액을 결정하시오. (10점)

자료 1 대상물건 개요

1. 소재지: C동 100번지
2. 지목: 대
3. 면적: 600㎡
4. 이용상황: 주차장
5. 용도지역: 제2종일반주거지역
6. 개별요인: 세로(가), 가장형, 평지
7. 기준시점: 2025.7.21.
8. 기준가치: 시장가치

자료 2 인근지역 비교표준지(공시기준일: 2025.1.1. 단위: 원/㎡)

기호	소재지	지목	면적 (㎡)	이용 상황	용도 지역	도로 교통	형상 지세	공시지가
1	C동 110	대	500	상업용	2종일주	소로한면	가장형 평지	13,200,000
2	C동 120	대	450	주거용	3종일주	소로한면	정방형 평지	15,000,000
3	C동 200	전	500	주상용	2종일주	소로한면	가장형 평지	11,500,000
4	C동 300	대	400	주상용	3종일주	세로(가)	세장형 평지	10,200,000
5	C동 320	대	550	주거용	2종일주	세로(가)	가장형 평지	9,500,000
6	C동 330	차	600	주차장	2종일주	세로(가)	가장형 평지	6,300,000

※ 일련번호 5는 노후된 주택이 소재하여 건부감가가 발생함
※ 일련번호 6은 도시계획시설상 주차장임

자료 3 선정된 표준지와의 요인별 비교치

시점수정치	지역요인	개별요인	그 밖의 요인
1.00318	1.000	0.980	1.35

자료 4 기타사항

본건이 소재하는 C동 인근은 대부분 3층 이하의 단독주택 및 고급주택이 분포하고 있음

문제 04 토지 비교방식(공시지가기준법)

감정평가사 이씨는 아래와 같은 물건에 대해 감정평가를 의뢰받았다. 관련 규정에 근거하여 대상물건의 감정평가액을 결정하시오. (10점)

자료 1 **대상물건 개요**

1. 가격조사일: 2025.6.30.~2025.7.25.
2. 소재지: 서울특별시 A구 B동 120번지
3. 지목: 대
4. 면적: 800㎡
5. 이용상황: 상업나지
6. 용도지역: 제3종일반주거지역
7. 개별요인: 중로한면, 세장형, 평지
8. 기준가치: 시장가치

자료 2 **인근지역 비교표준지(공시기준일: 2025.1.1. 단위: 원/㎡)**

기호	소재지	지목	면적 (㎡)	이용 상황	용도 지역	도로 교통	형상 지세	공시 지가
1	B동 115	대	700	상업용	3종일주	소로한면	세장형 평지	5,200,000
2	B동 150	대	600	상업용	3종일주	중로한면	정방형 평지	6,200,000
3	B동 180	대	1,200	상업용	3종일주	중로각지	세장형 평지	5,800,000
4	B동 200	대	600	주상용	3종일주	소로한면	세장형 평지	5,300,000
5	B동 210	대	1,500	상업용	2종일주	중로한면	세장형 평지	5,150,000
6	B동 270	대	600	주상용	3종일주	중로한면	세장형 평지	5,900,000

※ 일련번호 2는 법정지상권이 설정된 토지임
※ 일련번호 4는 현황 최유효이용에 미달된 상태임

자료 3 **지가변동률(서울특별시. %)**

행정구역	기간	계획관리	상업	공업	녹지	주거	농림	자연환경
A구	6월	-0.16	-0.36	-0.38	0.00	0.04	-0.12	-
	6월 누계	0.11	0.58	0.00	0.10	0.20	0.00	-
B구	6월	0.11	0.06	0.00	0.02	-0.03	-0.11	-0.18
	6월 누계	-0.01	0.04	0.22	-0.03	0.05	-0.10	0.00

대상	표준지1	표준지2	표준지3	표준지4	표준지5	표준지6
100	93	95	97	96	90	98

자료 5 기타사항

본건이 소재한 B동의 상기 표준지는 인근지역 내 시가를 충분히 반영하고 있음

문제 05 토지 비교방식(공시지가기준법)

감정평가사 이씨는 아래와 같은 물건에 대해 일반거래 목적의 감정평가를 의뢰받았다. 관련 규정에 근거하여 대상물건의 감정평가액을 결정하시오. (20점)

자료 1 대상물건 개요

1. 소재지: 서울특별시 A구 C동 350번지
2. 지목, 면적: 대, 300㎡
3. 이용상황: 1층 단독주택(건축면적: 80㎡, 사용승인: 1978.3.1, 조적조 기와지붕)
4. 용도지역: 일반상업지역
5. 도로, 형상, 지세: 소로각지, 정방형, 평지
6. 기준시점: 2025.7.3.
7. 주위환경: 본건이 소재하는 인근지역은 3층 이하의 단독주택이 소재하는 지역이었으나, 5년 전 대단위 개발계획 등에 따라 용도지역이 제2종일반주거지역에서 제3종일반주거지역 및 일반상업지역으로 변경되었고 이에 따라 상업용 부동산으로의 이행이 활발하게 이루어져 있으며 상업용 부동산의 수요는 꾸준히 늘어나고 있음

자료 2 인근지역 비교표준지(공시기준일: 2025.1.1. 단위: 원/㎡)

기호	소재지	지목	면적 (㎡)	이용 상황	용도 지역	도로 교통	형상 지세	공시지가
1	C동 275	대	600	주거용	3종일주	소로한면	가장형 평지	8,500,000
2	C동 325	대	450	주상용	일반상업	소로각지	정방형 평지	11,500,000
3	C동 335	대	400	상업나지	일반상업	소로한면	가장형 평지	12,300,000
4	C동 470	대	300	주상용	3종일주	소로각지	세장형 평지	9,120,000
5	C동 500	대	300	상업용	일반상업	소로각지	정방형 평지	13,500,000
6	C동 510	대	400	주상용	일반상업 3종일주	중로한면	가장형 평지	11,500,000

※ 일련번호 2는 공원에 약 10% 저촉되어 있으며 감가율은 40%로 분석됨
※ 일련번호 5는 도로에 약 30% 저촉되어 있으며 감가율은 20%로 분석됨
※ 일련번호 6은 일반상업지역 70%, 3종일반주거지역 30%에 걸쳐 있음

자료 3   지가변동률(서울특별시, %)

행정구역	기간	주거	상업	공업	녹지
A구	6월 누계	1.23	1.53	1.01	0.30
	6월	0.32	0.83	0.50	0.02

자료 4   개별요인 비교치

대상	표준지1	표준지2	표준지3	표준지4	표준지5	표준지6
100	85	95	96	90	90	93

자료 5   기타사항

1. 그 밖의 요인 비교치는 거래사례 및 감정평가 사례에 비추어 1.25를 적용하는 것이 타당한 것으로 분석됨
2. 노후된 주거용 건물의 철거비는 30,000원/㎡임

문제 06 토지 비교방식(공시지가기준법)

감정평가사 김씨는 아래와 같은 물건에 대해 소유자로부터 감정평가를 의뢰받았다. 관련 규정에 근거하여 대상물건의 감정평가액을 결정하시오. (15점)

자료 1   대상물건 개요

1. 감정평가 목적: 일반거래
2. 감정평가 의뢰일: 2025.6.30.
3. 현장조사 및 작성일자: 감정평가사 김씨는 부동산 소유자 甲으로부터 2025.6.30.에 감정평가 의뢰를 받고 2025.7.2.에 현장 조사를 완료하였으며 2025.7.4.자에 감정평가서를 작성 완료하였음
4. 대상물건 현황: 서울시 관악구 신림동 90, 대, 200㎡, 나지, 제2종일반주거지역, 소로한면, 가장형, 평지, 도시계획시설도로 20% 저촉

자료 2   인근지역 개황

본건이 소재한 인근지역은 기존 주택지대 내의 노후화된 주택들이 주상용 및 상업용 건물로의 이행이 활발하게 진행되고 있는 지역임. 접면 도로 너비에 따라 세로(가)의 경우 주상용 또는 상업용이 혼재하며, 소로의 경우 상업용으로 이용되는 것이 표준적 이용으로 분석되는 지대임. 본건 주변은 주상용 건물, 소규모 아파트, 빌라, 소규모 근린생활시설 등이 혼재하는 지역임

자료 3   비교표준지(공시기준일: 2025.1.1. 단위: 원/㎡)

기호	소재지	지목	면적 (㎡)	이용 상황	주위 환경	도로 교통	형상 지세	공시지가
1	신림동 18	대	200	주상용	상업지대	세로(가)	정방형 평지	8,520,000
2	봉천동 50	대	600	상업용	주상혼용	소로한면	세장형 평지	8,820,000
3	신림동 45	대	150	상업용	기존주택	세로(가)	가장형 평지	7,500,000
4	신림동 100	대	250	주상용	상업지대	소로한면	세장형 평지	8,950,000
5	봉천동 12	대	250(일단지)	상업용	상업지대	소로각지	정방형 평지	9,230,000

※ 상기 표준지의 용도지역은 모두 제2종일반주거지역임
※ 일련번호 2는 건부감가 요인이 10% 정도 발생함
※ 일련번호 3은 2025.5.31.로 9,800,000원/㎡에 정상 거래된 것으로 조사됨
※ 일련번호 4는 전체 면적 중 20%가 도시계획시설도로에 저촉되어 있으며, 이에 대한 감가율은 토지가격비준표상 15%이며 이는 통상적인 감가율로 분석됨

지가변동률(서울특별시, %)

행정 구역	기간	주거	상업	공업	녹지
관악구	5월 (누계)	0.30 (1.320)	0.80 (1.571)	0.20 (0.787)	0.05 (0.358)

자료 5 **지역요인 및 개별요인 비교**

1. 본건이 소재한 신림동 및 봉천동은 부동산의 이용이 동질적이고 가치형성요인 중 지역요인을 공유하는 지역임
2. 개별요인 평점
   (1) 도로: 중로한면(115), 소로한면(105), 세로(가)(100), 세로(불)(90)
   (2) 형상: 정방형(95), 장방형(100), 사다리형(80)
   (3) 기타: 각지는 5% 증액 보정, 기타 가치형성요인은 상호 대등함

자료 6 **기타사항**

본건이 소재하는 지역의 주상용 토지의 표준지공시지가의 현실화율은 80%이며, 상업용 토지인 경우에는 85%로 조사됨

문제 07 토지 비교방식(그 밖의 요인 보정치)

감정평가사 이씨는 아래와 같은 물건에 대해 소유자로부터 감정평가를 의뢰받았다. 관련 규정에 근거하여 대상물건의 감정평가액을 결정하시오. (20점)

자료 1 대상물건 개요

1. 감정평가 목적: 세무서 제출
2. 감정평가 의뢰일: 2025.7.25.
3. 현장조사 및 작성일자: 2025.7.28.~2025.7.29.
4. 의뢰인이 제시한 기준시점: 2025.7.20.
5. 대상물건 현황
   (1) 소재지: 서울특별시 동작구 흑석동 895
   (2) 면적 및 지목 등: 350㎡, 대, 나지
   (3) 도로, 형상, 지세: 세로(가), 사다리형, 완경사
   (4) 용도지역: 제2종일반주거지역
   (5) 주위환경 등: 본건이 소재하는 지역은 2층 이하 단독주택 및 3층 이하의 다세대주택이 혼재하는 지역으로 이러한 이용은 인근지역의 표준적 이용상황으로 판단됨

자료 2 인근 비교표준지공시지가(공시기준일: 2025.1.1. 단위: 원/㎡)

기호	소재지	지목	면적 (㎡)	이용 상황	용도 지역	도로 교통	형상 지세	공시지가
1	흑석동 18	대	200	주상용	2종일주	세로 (가)	정방형 완경사	3,920,000
2	흑석동 50	대	350	주거용	2종일주	소로 한면	사다리 평지	4,920,000
3	흑석동 45	대	500	주거용	2종일주	세로 (가)	가장형 평지	3,850,000
4	흑석동 100	대	300	주상용	2종일주	소로 한면	세장형 완경사	4,550,000

※ 일련번호 3은 도시계획시설도로에 15% 저촉된 상태임

자료 3 지가변동률(서울특별시 2025년, %)

1. 용도지역별

행정구역	기간	계획관리	상업	공업	녹지	주거	농림	자연환경
동작구	5월	-0.16	-0.36	-0.38	0.00	0.15	-0.12	-
	5월 누계	0.11	0.58	0.00	0.10	0.31	0.00	-
관악구	5월	0.11	0.06	0.00	0.02	0.37	-0.11	-0.18
	5월 누계	-0.01	0.04	0.22	-0.03	0.02	-0.10	0.00

2. 이용상황별

행정구역	기간	전	답	대		임야	공장	기타
				주거용	상업용			
동작구	5월	0.03	-0.06	0.00	-0.32	0.00	-0.05	0.00
	5월 누계	0.16	0.02	0.13	0.25	0.00	0.39	0.00
관악구	5월	-0.08	-0.04	0.10	0.06	-0.09	-0.07	0.00
	5월 누계	0.01	-0.12	0.00	0.05	-0.08	0.12	0.78

자료 4 토지가격비준표

1. 도로접면

구분	광대한면	중로한면	소로한면	세로(가)	맹지
광대한면	1.00	0.94	0.86	0.83	0.60
중로한면	1.07	1.00	0.92	0.89	0.70
소로한면	1.16	1.08	1.00	0.96	0.80
세로(가)	1.21	1.09	1.04	1.00	0.85
맹지	1.40	1.30	1.20	1.15	1.00

2. 형상

구분	정방형	장방형	사다리형	부정형	자루형
정방형	1.00	0.98	0.98	0.95	0.90
장방형	1.02	1.00	0.95	0.95	0.90
사다리형	1.02	1.05	1.00	0.97	0.92
부정형	1.05	1.05	1.03	1.00	0.95
자루형	1.11	1.11	1.09	1.06	1.00

3. 지세

평지	완경사	급경사
1.00	0.95	0.85

4. 도시계획시설

일반	도로	공원	운동장
1.00	0.85	0.60	0.85

자료 5   그 밖의 요인 산정 자료(표준지 기준 방식 적용)

구분	평가사례 A	평가사례 B	평가사례 C
소재지	흑석동 32	흑석동 48	흑석동 60
기준시점	2025.2.2.	2025.5.7.	2024.3.2.
평가목적	일반거래	담보	세무서 제출용
이용상황	주거용	주거용	주거용
용도지역	2종일주	2종일주	2종일주
도로 등	세로(가), 정방형, 평지	세로(가), 사다리형, 완경사	소로한면, 사다리형, 완경사
평가금액(원/㎡)	5,900,000	5,560,000	5,240,000
시점수정치	1.00305	1.00127	1.02351

H감정평가법인은 (주)수석공장으로부터 (주)수석이 소유하고 있는 부동산에 대해 시가참조목적의 감정평가를 의뢰받고 아래와 같은 자료를 수집하였다. 주어진 자료를 참고하여 대상토지의 감정평가액을 산정하시오. (20점)

자료 1 대상부동산 현황

1. 소재지: 서울특별시 A구 B동 88
2. 지목 등: 780㎡, 대, 일반공업, 가장형, 평지, 소로한면
3. 기타사항: 본건 토지상에 이동이 가능한 컨테이너 박스 2동(음료 판매, 상업용)이 설치되어 있으며, 최근 공장 신설에 따른 건축허가를 득한 상태로 미착공 상태임

자료 2 주위환경

본건 토지 인근은 소로변을 따라 소·중규모의 공장이 소재하며, 일부 토지는 공장 근로자들을 위한 근린생활시설 및 상업용·업무용 시설이 소재하고 있음

자료 3 인근지역 표준지공시지가(공시기준일: 2025.1.1. 단위: 원/㎡)

기호	소재지	지목	면적 (㎡)	이용 상황	용도 지역	도로 교통	형상 지세	공시지가
1	B동 44-85	장	420	공업용	일반 공업	소로 한면	정방형 평지	5,920,000
2	B동 56-9	대	740	상업용	일반 공업	소로 한면	사다리 평지	6,170,000
3	C동 89-131	장	778	공업용	일반 공업	세로 (가)	가장형 평지	5,130,000
4	C동 90-85	대	825	공업용	일반 공업	소로 한면	부정형 평지	6,420,000

※ 일련번호 2는 지상권이 설정된 토지로, 지상권 부분은 토지가액의 20%에 해당함

자료 4 ── 지가변동률(서울특별시 2025년. %)

행정구역	기간	주거	상업	공업	녹지
A구	6월	0.14	0.63	0.47	0.02
	6월 누계	1.42	1.28	1.07	0.92

자료 5 ── 토지가격비준표

1. 도로접면

구분	광대한면	중로한면	소로한면	세로(가)	맹지
광대한면	1.00	0.94	0.86	0.83	0.60
중로한면	1.07	1.00	0.92	0.89	0.70
소로한면	1.16	1.08	1.00	0.96	0.80
세로(가)	1.21	1.09	1.04	1.00	0.85
맹지	1.40	1.30	1.20	1.15	1.00

2. 형상

구분	정방형	장방형	사다리형	부정형	자루형
정방형	1.00	0.98	0.98	0.95	0.90
장방형	1.02	1.00	0.95	0.95	0.90
사다리형	1.02	1.05	1.00	0.97	0.92
부정형	1.05	1.05	1.03	1.00	0.95
자루형	1.11	1.11	1.09	1.06	1.00

3. 지세

평지	완경사	급경사
1.00	0.95	0.85

4. 지목

대	공장
1.00	1.00

자료 6 인근지역 내 그 밖의 요인 산정 자료

구분	평가사례 A	평가사례 B	거래사례 C	거래사례 D
소재지	B동 52-1	C동 1-85	B동 54-8	C동 48-2
기준시점	2025.2.3.	2025.3.3.	2025.4.5.	2025.2.25.
평가목적	자산재평가	담보	–	–
이용상황	공업나지	공업용	상업용	공업용
용도지역	일반공업	일반공업	일반공업	일반공업
도로 등	세각(가), 정방형, 평지	소로한면, 가장형, 완경사	소로한면, 부정형, 평지	소로한면, 정방형, 평지
평가금액 거래단가 (원/㎡)	7,950,000	8,820,000	8,860,000	8,650,000

자료 7 기타사항

1. 감정평가의뢰일: 2025.7.12.
2. 가격조사일완료일: 2025.7.13.

문제 09 토지 비교방식(거래사례비교법)

감정평가사 이씨는 서울시 강남구 K동 소재하는 토지에 대해 H은행으로부터 아래와 같이 감정평가 의뢰를 받았다. 대상토지의 감정평가액을 결정하시오. (25점)

자료 1 대상물건 개요

1. 소재지: 서울시 강남구 K동
2. 사전조사 내용

   (1) 토지대장

고유 번호	–	토지대장		도면번호	90	발급번호	–
소재지	서울특별시 강남구 K동	지번	823-15	명칭 및 번호		–	
지목	면적(㎡)	사유					
대	449.0	1982년 04월 10일 구획정리 완료					
개별공시지가(원/㎡)	30,310,000						

   (2) 토지이용계획확인서

소재지	서울특별시 강남구 K동 823-15	
지역지구 등 지정여부	국토계획법상 지역, 지구 등	도시지역, 일반상업지역, 지구단위계획구역(테헤란로제2지구)
	다른 법령 등에 따른 지역, 지구 등	대공방어협조구역(위탁고도:77-257m)「군사기지 및 군사시설 보호법」, 과밀억제권역 「수도권정비계획법」
토지이용규제 기본법 시행령에 해당하는 사항	–	

(3) 지적현황

3. 실지조사 내용
   (1) 본건 인근지역은 상업용 및 업무용 빌딩 등이 소재하는 지역으로, 건물 신축을 위한 철거 상태로 현황 나지
      상태임
   (2) 본건 남측으로 노폭 약 14m 도로에 접함
4. 현장조사 및 작성일자: 2025.6.28.~2025.6.30.
5. 감정평가 목적: 담보

인근 표준지공시지가(공시기준일: 2025.1.1. 단위: 원/㎡)

기호	소재지	지목	면적 (㎡)	이용 상황	용도 지역	도로 교통	형상 지세	공시지가
1	K동 823-1	대	600	주상용	일반상업	소로 한면	정방형 평지	25,900,000
2	K동 823-32	대	800	상업용	일반상업	광대 한면	세장형 평지	45,500,000
3	K동 852	대	480	업무용	일반상업	중로 한면	가장형 평지	31,200,000
4	K동 872	대	400	상업용	준주거	중로 각지	세장형 평지	26,800,000

※ 일련번호 2는 도시계획시설도로에 10% 저촉된 상태임

인근 평가사례

기호	소재지	지목	면적(㎡)	이용상황	용도지역	도로교통	형상지세	토지단가(원/㎡)	기준시점	평가목적
가	K동 850	대	500	업무용	일반상업	중로한면	정방형 평지	42,500,000	2024. 12.3.	담보
나	K동 853-2	대	800	상업용	일반상업	중로한면	세장형 평지	44,300,000	2024. 1.8.	시가참고
다	K동 823-8	대	480	상업용	일반상업	중로한면	세장형 평지	39,500,000	2021. 8.2.	담보
라	K동 811-5	대	400	상업용	일반상업	소로한면	세장형 평지	35,600,000	2023. 11.8.	경매

자료 4 **인근 거래사례**

1. 거래사례 A
   (1) 소재지: K동 845-2
   (2) 총 거래가격: 42,380,000,000원
   (3) 거래시점: 2024.11.15.
   (4) 토지: 일반상업, 주상용, 800㎡, 소로한면, 세장형, 평지
   (5) 건물

구조	급수	연면적(㎡)	사용승인일	부대설비 내역
철근콘크리트조	4	10,300㎡	2019.2.20.	전기설비, 소방설비, 위생설비, 냉난방설비, 승강기설비

2. 거래사례 B
   (1) 소재지: K동 855-7
   (2) 총 거래가격: 20,500,000,000원
   (3) 거래시점: 2025.1.5.
   (4) 토지: 일반상업, 상업용, 600㎡, 중로한면, 사다리형, 평지
   (5) 건물

구조	급수	연면적(㎡)	사용승인일	부대설비 내역
철근콘크리트조	3	300㎡	1982.1.25.	전기설비, 소방설비, 위생설비

   (6) 기타사항: 상업·업무지대에 위치하는 정상적인 거래사례로, 매수자는 대상부동산을 매입하여 지하 4층, 지상 9층 규모의 상업시설을 신축할 예정임(철거비는 미고려). 매수자는 구입자금의 40%를 K은행으로부터 차입하기로 하였음(이자율 8%, 대출기간 20년, 시장이자율 6%, 매년 원리금균등상환 조건)

3. 거래사례 C
   (1) 소재지: K동 865-8
   (2) 총 거래가격: 31,509,000,000원
   (3) 거래시점: 2024.11.25.
   (4) 토지: 일반상업, 업무용, 450㎡, 중로한면, 정방형, 평지

(5) 건물

구조	급수	연면적(㎡)	사용승인일	부대설비 내역
철근콘크리트조	3	9,200㎡	2020.5.25.	전기설비, 소방설비, 위생설비, 냉난방설비, 승강기설비

(6) 기타사항: 대상토지상의 건물 신축 허가내용과 유사한 거래사례로 건물의 물적 유사성이 동일한 정상적인 거래사례임

자료 5 기타사항

1. 2023년 하반기 이후 인근지역 내 지가는 보합세를 유지하고 있음
2. 정방형(100), 가장형(105), 세장형(95), 사다리형(90)
3. 각지는 5% 상향 조정함
4. 그 밖의 요인 비교치 산정은 인근지역 내 평가사례를 적용하되 대상을 기준할 것

감정평가사 이씨는 (주)H로부터 아래와 같은 부동산에 대해 일반거래 목적의 감정평가를 의뢰받고 다음과 같은 자료를 수집하였다. 대상부동산의 감정평가액을 결정하시오. (30점)

자료 1 ㅤ대상토지 개요

기호	소재지	지목	면적 (㎡)	이용 상황	주위 환경	용도 지역	도로 교통	형상 지세
1	서울특별시 마포구 합정동 44-82	대	520.4	상업 나지	전면 상가 지대	일반 상업	중로 한면	가장형 평지

자료 2 ㅤ표준지공시지가(공시기준일: 2025.1.1. 단위: 원/㎡)

기호	소재지	지목	면적 (㎡)	이용 상황	주위 환경	용도 지역	도로 교통	형상 지세	공시지가
가	마포구 합정동 85-92	대	357.2	상업용	후면 상가 지대	일반 상업	소로 한면	정방형 평지	12,593,000
나	마포구 합정동 95-62	전	511.4	상업용	전면 상가 지대	일반 상업	중로 한면	정방형 평지	14,240,000
다	마포구 합정동 225-6	대	358.6	상업용	전면 상가 지대	일반 상업	중로 각지	가장형 평지	14,840,000
라	마포구 합정동 661-45	대	492.5	상업용	전면 상가 지대	준주거	소로 한면	가장형 평지	9,482,000

※ 표준지 나는 2025.6.2. 도시계획시설도로에 15% 저촉되었음
※ 표준지 다는 건부감가 20%임

자료 3 평가사례

구분	평가사례 A	평가사례 B	평가사례 C
소재지	마포구 합정동 453-85	마포구 합정동 558-6	마포구 합정동 658-7
기준시점	2024.12.23.	2025.3.3.	2025.5.31.
평가목적	시가참조	시가참조	담보
이용상황	상업용	상업용	상업용
용도지역	일반상업	일반상업	일반상업
주위환경	전면상가지대	후면상가지대	전면상가지대
도로 등	중로각지, 정방형, 평지	소로한면, 사다리형, 평지	중로한면, 사다리형, 완경사
평가액(원/㎡)	18,400,000	16,700,000	17,900,000

자료 4 거래사례

1. 거래사례 1
   (1) 소재지: 마포구 합정동 55-82번지, 545㎡, 대, 중로한면, 세장형, 평지
   (2) 건물: 철근콘크리트, 상업용, 연면적 5,250㎡, 사용승인일 2012.8.26.
   (3) 용도지역: 일반상업
   (4) 주위환경: 전면상가지대
   (5) 거래가격: 16,800,000,000원
   (6) 거래시점: 2025.6.2.
   (7) 기타사항: 정상적인 토지·건물 복합부동산 거래사례로 거래 당시 토지·건물가격구성비는 6:4임

2. 거래사례 2
   (1) 소재지: 영등포구 당산동 95-8번지, 584.2㎡, 대, 상업나지, 중로한면, 세장형, 평지
   (2) 용도지역: 일반상업
   (3) 주위환경: 전면상가지대
   (4) 거래가격: 8,760,000,000원
   (5) 거래시점: 2025.7.3.
   (6) 기타사항: 정상적인 거래사례임

자료 5 지가변동률(서울특별시 마포구, %)

구분	2024 누계	2025.1.	2025.2.	2025.3.	2025.4.	2025.5.
주거지역	5.850	0.220	0.213	0.085	0.105	0.100
상업지역	5.235	0.320	0.242	0.109	0.134	0.142

자료 6 토지 개별요인 평점(대상: 100)

구분	표준지 가	표준지 나	표준지 다	표준지 라	평가 사례 A	평가 사례 B	평가 사례 C	거래 사례 1	거래 사례 2
평점	85	102	103	80	103	95	98	99	95

자료 7 기타사항

1. 대상물건의 가격조사완료일은 2025.7.3.임

2. 그 밖의 요인 보정치는 대상을 기준함

3. 토지의 감정평가는 주된 감정평가 방식을 적용하되, 거래사례를 통해 합리성을 검토함

아래와 같은 D동 101번지 토지 소유자는 자신의 토지에 대한 감정평가를 (주)H감정평가법인에게 의뢰하였다. 다음과 같은 자료를 활용하여 대상토지의 시장가치를 산정하시오. (20점)

자료 1 대상부동산

1. 소재지: S시 H구 D동 101번지
2. 기준시점: 2025.7.12.
3. 평가목적: 일반거래(시가참조용)

자료 2 H구 D동 지적도

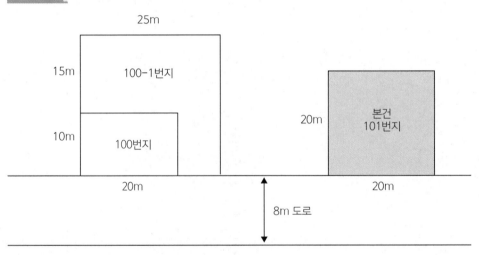

자료 3 인근지역 D동 100번지 거래사례

1. 거래시점: 2025.1.2.
2. 거래금액: 1,250,000,000원
3. 기타사항: 해당 거래사례인 D동 100번지는 후면에 있는 D동 100-1번지 소유자가 전면 토지를 매입하여 업무용 건물을 신축하기 위해 매입한 것으로, 다소 고가로 매입한 것으로 판단됨. 따라서 거래사례 가액의 보정이 필요하므로, 아래와 같은 구입한도액비 따라 거래된 것으로 가정하여 보정함
4. 구입한도액비 적용 평점

구분	D동 100번지	D동 100-1번지	D동 100, D동 100-1번지 일단지 기준
평점	100	90	105

자료 4　지가변동률(S시 H구, %)

2025.1.	2025.2.	2025.3.	2025.4.	2025.5.	2025.6.
0.325	0.342	0.248	0.215	0.198	0.188

자료 5　개별요인 비교표

1. 도로접면

구분	광대한면	중로한면	소로한면	세로(가)	맹지
광대한면	1.00	0.94	0.86	0.83	0.60
중로한면	1.07	1.00	0.92	0.89	0.70
소로한면	1.16	1.08	1.00	0.96	0.80
세로(가)	1.21	1.09	1.04	1.00	0.85
맹지	1.40	1.30	1.20	1.15	1.00

2. 형상

구분	정방형	장방형	사다리형	부정형
정방형	1.00	0.98	0.98	0.95
장방형	1.02	1.00	0.95	0.95
사다리형	1.02	1.05	1.00	0.97
부정형	1.05	1.05	1.03	1.00

문제 12 토지 비교방식(둘 이상 용도지역 걸친 토지)

(주)H감정평가법인는 아래와 같은 토지에 대해 경매평가를 의뢰받았다. 주어진 자료를 활용하여 대상토지의 시장가치를 산정하시오. (30점)

자료 1 ▸ 대상토지

기호	소재지	지목	면적(㎡)	이용상황	용도지역
1	Y구 G동 557-96	대	1,400	나지	일반상업 준주거

※ 본건 토지는 일반상업지역 부분이 60%임

자료 2 ▸ 지적도

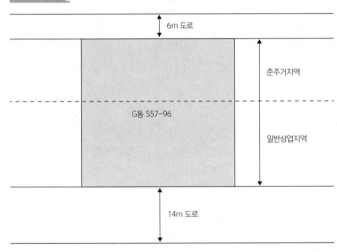

자료 3 | 인근 표준지공시지가(공시기준일: 2025.1.1. 단위: 원/㎡)

기호	소재지	지목	면적(㎡)	이용상황	주위환경	용도지역	도로교통	형상지세	공시지가
가	G동 58-666	대	1,332.5	상업용	전면 주상지대	중심상업	중로한면	가장형 평지	15,680,000
나	G동 148-35	대	1,848.2	상업용	전면 상가지대	일반상업	중로각지	부정형 평지	12,698,000
다	G동 258-74	대	869.5	업무용	전면 주상지대	일반상업	소로각지	정방형 평지	9,690,000
라	G동 554	대	850.2	상업용	전면 상가지대	일반상업	중로한면	가장형 평지	9,875,000
마	G동 658-54	대	444.5	상업용	전면 상가지대	준주거	소로한면	부정형 평지	7,380,000
바	G동 672-34	대	542.8	주상용	후면 주상지대	준주거	세로(가)	정방형 평지	5,280,000
사	G동 1543-7	대	245.8	주거용	후면 주거지대	준주거	세로(가)	부정형 평지	5,130,000

자료 4 | 주위환경

대상토지가 소재하고 있는 Y구 G동은 노변을 따라 전면부는 상가지대, 후면부 주상지대 또는 주거지대를 형성하고 있으며, 각 용도지역 및 용도지대별로 각각 가치·형상·면적 등을 달리하고 있음. 본건 토지는 전면으로는 상가지대, 후면부로는 주상지대에 속하며 각 지대별로 이용하고 있음

자료 5　평가사례

구분	평가사례 A	평가사례 B	평가사례 C	평가사례 D
소재지	Y구 G동 155-87	Y구 G동 225-75	Y구 G동 635-29	Y구 G동 758-81
기준시점	2025.4.17.	2024.12.6.	2025.2.20.	2024.11.4.
평가목적	공매	경매	담보	일반거래
이용상황	상업용	상업용	주거용	주상용
용도지역	일반상업	일반상업	준주거	준주거
주위환경	전면상가지대	전면상가지대	후면주거지대	후면주상지대
도로, 형상, 지세	중로각지, 정방형, 평지	중로한면, 부정형, 평지	세로(가), 사다리형, 평지	세로(가) 정방형, 평지
평가액 (원/㎡)	13,700,000	13,300,000	6,800,000	6,930,000

자료 6　지가변동률(Y구, %)

구분	2024. 누계	2025.6. 누계	2025.6. 당월
주거지역	3.542	1.442	0.257
상업지역	3.057	1.594	0.298

자료 7　토지 개별요인 평점(대상: 100)

구분	표준지 가	표준지 나	표준지 다	표준지 라	표준지 마	표준지 바	표준지 사	평가사례 A	평가사례 B	평가사례 C	평가사례 D
평점	110	105	107	98	101	99	97	100	101	95	97

자료 8　기타사항

1. 대상물건의 가격조사완료일은 2025.7.12.임
2. 그 밖의 요인 보정치는 대상을 기준함

문제 13 토지 비교방식(도시계획시설에 저촉된 토지)

감정평가사 이씨는 아래와 같은 부동산에 대해 서울지방법원으로부터 경매목적의 감정평가를 의뢰받았다. 주어진 자료를 활용하여 대상부동산의 감정평가액을 결정하시오. 단, 기준시점은 2025년 7월 12일임. (20점)

자료 1   감정평가 의뢰목록

1. 소재지: 서울특별시 영등포구 문래동 13-1
2. 지목 등: 대, 상업나지, 500㎡
3. 공법상 제한: 일반상업지역, 도시계획시설도로 저촉(20%), 방화지구, 상대보호구역

자료 2   지적개황도

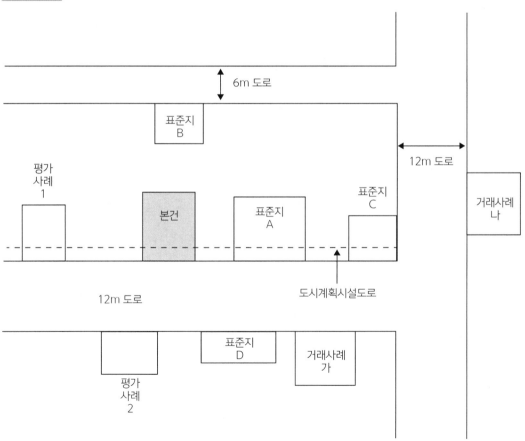

인근 표준지공시지가(공시기준일: 2025.1.1. 단위: 원/㎡)

기호	소재지	면적 (㎡)	지목	이용상황	용도 지역	형상 지세	공시지가
A	문래동 12-1	624.8	대	상업용	일반 상업	정방형 평지	15,240,000
B	문래동 24-53	351.5	대	주상용	일반 상업	가장형 평지	8,370,000
C	문래동 12-84	448.9	대	상업용	일반 상업	정방형 평지	15,660,000
D	문래동 34-2	504.2	대	상업용	일반 상업	가장형 평지	16,050,000

※ 일련번호 A는 도시계획시설도로에 15% 저촉됨
※ 일련번호 C는 도시계획시설도로에 25% 저촉됨

자료 4 인근 평가사례

기호	소재지	면적 (㎡)	지목	이용 상황	용도 지역	형상 지세	평가목적	평가가액 (원/㎡)	기준시점
1	문래동 14-3	482.4	대	업무용	일반 상업	세장형 평지	경매	19,800,000	2025.2.17.
2	문래동 35-22	494.5	대	상업용	일반 상업	가장형 평지	경매	20,900,000	2024.12.21.

※ 일련번호 1은 도시계획시설도로에 25% 저촉됨

자료 5 인근 거래사례

구분	거래사례 가	거래사례 나
소재지	문래동 34-42	문래동 1321-5
면적(㎡)	495.2	542.0
이용상황	상업용	상업나지
용도지역	일반상업	일반상업
거래시점	2024.5.6.	2024.11.23.
건물연면적(㎡)	925.4	-
구조	철근콘크리트조 슬라브지붕	-
사용승인일	2008.4.2.	-
거래금액(원)	13,300,000,000	12,000,000,000

1. 지가변동률(서울특별시 영등포구, 상업지역)

　　(1) 2024년 누계: 3.450%

　　(2) 2025년 5월 누계: 1.070%

　　(3) 2025년 5월 당월: 0.089%

2. 개별요인 평점(도시계획시설도로 저촉 제외)

대상	표준지 A	표준지 B	표준지 C	표준지 D
100	100	82	112	102

대상	평가사례 1	평가사례 2	거래사례 가	거래사례 나
100	99	100	102	103

3. 도시계획시설

일반	도시계획도로
100	70

문제 14 토지 비교방식(개별물건기준원칙)

감정평가사 이씨는 (주)수석으로부터 아래와 같은 물건에 대해 시가참조용 감정평가를 의뢰받고 사전조사 및 현장조사를 실시하여 다음 자료를 수집하였다. 대상물건의 시장가치를 평가하시오. (20점)

자료 1   대상물건 개요

1. 토지

기호	소재지	지목	면적 (㎡)	이용 상황	용도 지역	도로 교통	형상 지세
1	K구 D동 20-20	대	380	주거용	2종일주	소로 각지	정방형 평지
2	K구 D동 20-23	대	120	주거용	2종일주	소로 한면	정방형 평지

2. 건물

기호	소재지	용도	구조	연면적 (㎡)	사용승인일	층수	관련지번
가	D동 20-20	다가구주택	조적조 슬라브 지붕	950	1999.2.1.	3층	D동 20-23

자료 2   표준지공시지가(공시기준일: 2025.1.1. 단위: 원/㎡)

기호	소재지	지목	면적 (㎡)	이용 상황	용도 지역	도로 교통	형상 지세	공시지가
1	K구 D동 20	대	320	주거용	2종일주	소로 한면	정방형 완경사	5,420,000
2	K구 D동 21	대	120	주거용	2종일주	소로 한면	정방형 평지	4,850,000
3	K구 D동 21-5	대	500	주거용	2종일주	소로 각지	가장형 평지	5,800,000
4	K구 D동 22-3	대	300	주상용	2종일주	소로 한면	가장형 완경사	5,550,000

※ 일련번호 2는 10%의 건부감가가 발생하고 있음
※ 일련번호 3은 등기사항증명서상 지상권(설정금액: 3천만원)이 설정된 토지임

자료 3 인근지역 거래사례

구분	사례 A	사례 B	사례 C	사례 D
소재지	K구 D동 22-3	K구 D동 20-7	K구 D동 25-6	K구 D동 30-7
거래시점	2025.2.3.	2025.3.3.	2024.8.2.	2024.5.7.
이용상황	주거용	주거용	주상용	주거용
용도지역	2종일주	2종일주	준주거	3종일주
도로, 지세, 형상	세로(가), 정방형, 평지	소로한면, 사다리형, 평지	소로한면, 사다리형, 완경사	세로(가), 정방형, 평지
토지면적(㎡)	320	480	615	550
토지 개별요인 (대상 100)	91	97	103	93
사용승인일자	2010.1.20.	1980.1.23.	2011.10.25.	2001.5.1.
건물 개별요인 (대상 100)	106	85	110	102
구조 및 내용연수	조적조, 45년	블록조, 35년	철근콘크리트조, 50년	조적조, 45년
연면적(㎡)	540	100	1,090	900
거래금액(원)	3,000,000,000	3,900,000,000	6,500,000,000	4,200,000,000

※ 사례 B는 기존 건물의 철거를 전제로 한 거래로 철거비는 매도인이 부담함
※ 거래사례의 경우 토지·건물가격구성비는 85:15로 판단됨

자료 4 지가변동률(K구, %)

구분	2024. 누계	2025.1.	2025.2.	2025.3.	2025.4.	2025.5.
주거지역	5.450	0.100	0.110	0.090	0.085	0.080
상업지역	4.210	0.200	0.150	0.200	0.100	0.080

자료 5 기타사항

1. 대상물건의 가격조사완료일은 2025.7.3.임
2. 토지의 감정평가는 주된 감정평가 방식만을 적용함
3. 표준지와 대상의 개별요인은 대등함
4. 건설공사비 지수는 보합세임

감정평가사 이씨는 개발업자 (주)수석으로부터 아래와 같이 조성 완료된 토지에 대해 감정평가를 의뢰받았다. 주어진 자료를 검토하여 2025.3.2. 당시 대상토지의 감정평가액을 결정하시오. (20점)

자료 1　조성 전 토지

1. 소재지 등: K도 Y구 C동 100, 전, 1,000㎡, 계획관리지역, 세로(불), 부정형, 완경사
2. 기타사항: 대상토지는 2024.3.2.자로 (주)수석이 기존 토지소유자로부터 7억원에 매입하여 즉시 조성공사에 착수함

자료 2　조성 후 토지

1. 소재지 등: K도 Y구 C동 100번지, 대, 800㎡, 계획관리지역, 세로(가), 정방형, 평지
2. 기타사항: 본건 인근지역은 구역별 환지사업을 통해 주거용 및 근린생활시설의 복합용도 사용이 표준적 이용임. 인근지역 내 감보율은 20%임

자료 3　인근지역 표준지공시지가(공시기준일: 매년 1월 1일, 단위: 원/㎡)

기호	소재지	지목	면적 (㎡)	이용 상황	용도 지역	도로 교통	형상 지세	공시지가	
								2024년	2025년
1	Y구 C동 110	답	1,200	전	계획 관리	세로 (불)	부정형 평지	525,000	535,000
2	Y구 C동 115	전	800	답	계획 관리	세로 (가)	부정형 평지	123,000	128,000
3	Y구 C동 117	잡	600	잡	계획 관리	세로 (불)	사다리형 평지	210,000	233,000
4	Y구 C동 120	대	500	주거용	계획 관리	세각 (가)	가장형 평지	932,000	948,000
5	Y구 C동 130	대	750	주상용	계획 관리	세로 (가)	가장형 평지	958,000	967,000
6	Y구 C동 132	대	800	상업용	계획 관리	소로 한면	가장형 평지	1,232,000	1,375,000

자료 4 조성공사비 등

1. 조성공사비: 300,000,000원
2. 기타사항
   (1) 조성공사기간은 착공 후 1년이며, 공사비는 착공시, 6개월 후, 준공 시 각각 균등 지급함
   (2) 투하자본수익률은 연 6%이며, 수급인의 이윤은 조상공사비의 10%로 준공 시 발생함

자료 5 지가변동률(Y구. %)

구분	2024. 누계	2025.1.	2025.2.
주거지역	2.540	0.540	0.380
관리지역	1.500	0.020	0.015

자료 6 개별요인 평점

구분	조성 전	조성 후	표준지 1	표준지 2	표준지 3	표준지 4	표준지 5	표준지 6
평점	80	100	82	85	90	96	98	105

자료 7 기타사항

1. 이용상황이 '전, 답'인 경우의 표준지의 현실화 반영률은 75%임
2. 이용상황이 '주거용·주상용·상업용'인 경우 그 밖의 요인은 1.35를 적용할 것

개발업자 이씨는 아래와 같은 토지를 매입하여 택지개발사업을 시행하고자 감정평가사 김씨에게 2025.7.1.
자로 대상토지의 시장가치 산정을 의뢰하였다. 아래의 자료를 참고하여 대상토지의 시장가치를 개발법을 적
용하여 산정하시오. (20점)

자료 1 평가 대상

1. 소재지 등: K도 S구 D동 200
2. 지목 및 면적: 전, 10,000㎡
3. 용도지역: 제2종일반주거지역
4. 도로 및 형상 등: 세로(불), 부정형, 완경사
5. 주위환경: 대상이 소재하는 K도 S구 D동 일대는 기존 농경지대에서 용도지역 변경과 함께 택지개발사업이 한
   창인 상태임. 이에 주거용 건물의 수요가 증가함에 따라 주거용 건부지로 조성하여 분양하는 사례가 활발하게
   이루어지고 있음

자료 2 표준지공시지가(공시기준일: 2025.1.1. 단위: 원/㎡)

일련 번호	소재지	면적	지목	도로 조건	이용 상황	용도 지역	형상 지세	공시지가
1	S구 D동 220	12,000	전	세로 (불)	전	2종일주	부정형 완경사	287,000
2	K구 F동 100	250	대	세로 (가)	주거용	2종일주	가장형 평지	630,000
3	K구 F동 150	300	대	소로 한면	주상용	2종일주	정방형 평지	750,000

※ 상기 표준지는 인근지역 내 지가수준을 적절하게 반영하고 있음

자료 3 거래사례

1. 거래사례 A
   (1) 소재지: K구 F동 300번지, 300㎡, 대(주거나지), 세각(가)
   (2) 용도지역: 2종일주
   (3) 거래가격: 700,000원/㎡
   (4) 거래시점: 2025.2.1.
   (5) 기타사항: 최근 택지 조성하여 분양한 사례임

2. 거래사례 B
   (1) 소재지: S구 D동 110번지, 답, 세로(불)
   (2) 용도지역: 2종일주
   (3) 거래가격: 298,000원/㎡
   (4) 거래시점: 2024.12.3.
   (5) 기타사항: 정상적인 거래사례임

자료 4 대상분양계획

분양계획은 아래와 같이 조사되었으며, 이는 적정한 것으로 판단됨
1. 허가시 기부채납 면적: 400㎡
2. 획지로 분할하기 위한 도로 면적: 650㎡
3. 획지당 최소 분할 면적: 100㎡
4. 정상적인 분양필지는 300㎡ 기준하되, 이에 미달할 경우 20% 할인하여 분양함
5. 개발 후 개별 필지는 세로(가), 정방형, 평지임
6. 택지 조성 비용
   (1) 토목공사비: 120,000원/㎡
   (2) 설계 및 분할비용: 15,000원/㎡
   (3) 공공시설부담금: 4,000,000원/필지
   (4) 판매 및 일반관리비: 분양가액의 10%
7. 공사 진행

구분	1개월	2개월	3개월	4개월	5개월	6개월
개발허가·인가						
공사착공·완공						
분양						

   (1) 공공시설부담금은 개발허가시에 지급
   (2) 토목공사비, 설계 및 분할비용은 개발허가 신청시부터 1개월 후, 2개월 후, 3개월 후에 각각 1/3씩 발생
   (3) 판매 및 일반관리비는 공사완료 1개월 후 일괄 지급
   (4) 분양은 분양시에 총 분양가의 10%, 1개월 후 40%, 4개월 후 50%씩 분양되는 것으로 하되, 분양가는 기준시점의 가액으로 함
   (5) 투하자본이자율: 월 1%

지가변동률(%)

구분	2025.1.	2025.2.	2025.3.	2025.4.	2025.5.
S구 주거지역	0.100	0.110	0.090	0.085	0.080
K구 주거지역	0.350	0.230	0.250	0.310	0.358

자료 6 **가치형성요인**

1. 지역요인: K구는 주위환경 등을 고려할 때 S구 대비 5%의 상승요인을 가짐
2. 개별요인 평점
   (1) 조성 전(도로 조건 제외)

대상	표준지 1	표준지 2	표준지 3	사례 A	사례 B
67	65	102	110	105	67

   (2) 조성 후(도로 조건 제외)

대상	표준지 1	표준지 2	표준지 3	사례 A	사례 B
95	65	98	100	100	67

   (3) 도로 조건

세로(불)	세로(가)	세로각지	소로한면	소로각지	중로한면	중로각지
60	75	80	85	90	95	100

문제 17 복합부동산 원가방식(개별물건기준, 재조달원가)

감정평가사 이씨는 아래와 같은 부동산 소유자 김씨로부터 감정평가를 의뢰받았다. 다음의 자료를 활용하여 대상부동산의 시장가치를 평가하시오. (20점)

자료 1 　대상 관련 자료

1. 소재지: 서울특별시 동작구 상도동 85
2. 토지: 대, 1,500㎡, 중로한면, 가장형, 평지
3. 건물: 위 지상 철근콘크리트조 슬래브 지붕 5층 상업용 건물 연면적 3,500㎡ 사용승인 2023.6.30.
4. 평가목적 : 일반거래, 시가참조용
5. 용도지역 : 준주거지역
6. 기준시점 : 2025.7.3.

자료 2 　인근 표준지공시지가(공시기준일: 2025.1.1. 단위: 원/㎡)

일련번호	소재지	면적	지목	도로조건	이용상황	용도지역	형상지세	공시지가
1	상도동 100	1,300	대	중로한면	상업나지	준주거	가장형 평지	9,800,000
2	상도동 110	1,200	대	중로한면	상업용	준주거	정방형 평지	10,200,000
3	상도동 135	300	대	중로한면	상업용	일반상업	가장형 평지	13,600,000

※ 상기 표준지는 인근지역 내 시가수준의 75%를 반영하고 있음

자료 3 　인근 거래사례

1. 소재지: 서울특별시 동작구 상도동 121
2. 토지: 나대지 1,150㎡, 준주거지역
3. 거래일자: 2025.4.1.
4. 거래가격: 16,830,000,000원
5. 기타사항: 토지만의 거래사례로, 현금지불액은 10,000,000,000원이며 차액은 J은행으로부터 차입하기로 함 (이자율 6.5%, 매년 원리금균등상환, 대출기간 15년, 시장이자율 5%)

자료 4 건물 관련자료

1. 표준적 건축비(기준시점 현재)

구조	철골철근콘크리트조	철근콘크리트조	조적조	목조
건축비	900,000원/㎡	750,000원/㎡	600,000원/㎡	700,000원/㎡

2. 대상건물 건축비 내역

1. 가설공사비	30,000,000원
2. 토목공사비	400,000,000원
3. 철근콘크리트공사비	1,510,000,000원
4. 조적공사비	85,000,000원
5. 방수공사비	20,000,000원
6. 돌공사비	27,000,000원
7. 목공사비	3,000,000원
8. 타일공사비	42,000,000원
9. 창호공사비	220,000,000원
10. 유리공사비	43,000,000원
11. 마당콘크리트 공사	50,000,000원
12. 미장공사비	21,000,000원
13. 도장공사비	80,000,000원
14. 수장공사비	65,000,000원
15. 담장공사비	8,500,000원
16. 잡공사비	4,000,000원

3. 대상건물의 경제적 내용연수는 50년, 잔가율 10%, 감가수정은 정액법을 적용함

자료 5 가치형성요인 자료

1. 건설공사비 지수(월 말 기준)

2023.6.	2023.12.	2024.6.	2024.12.	2025.6.
105	105	106	107	108

2. 동작구 주거지역 지가변동률

2024. 누계	2025.6. 누계	2025.6.
12.00%	8.30%	1.75%

3. 토지 개별요인 평점

대상	표준지1	표준지2	표준지3	거래사례
101	95	103	98	108

문제 18 복합부동산 원가방식(개별물건기준, 재조달원가)

J감정평가법인의 이 평가사는 소유자인 D씨로부터 아래와 같은 부동산 대한 감정평가 의뢰를 받고 다음과 같이 자료를 수집하였다. 주어진 자료를 활용하여 대상부동산의 시장가치를 평가하시오. (30점)

자료 1   대상부동산 내역

1. 소재지: 서울특별시 C구 B동 150
2. 지목 및 면적: 대, 400㎡
3. 용도지역: 일반상업지역
4. 이용상황 등: 상업용, 정방형, 평지, 소로한면
5. 건물: 일반철골조 슬래브 지붕, 지하 2층 지상 7층 건물
6. 기준가치: 시장가치
7. 감정평가목적: S은행 담보제출용
8. 감정평가의뢰일: 2025.7.28.
9. 가격조사완료일: 2025.7.31.
10. 주위환경: 최근 택지 조성된 신흥상업지대

자료 2   인근 표준지공시지가(공시기준일: 2025.1.1. 단위: 원/㎡)

기호	소재지	면적(㎡)	지목	이용상황	용도지역	도로교통	형상지세	공시지가
1	C구 B동 120	292.1	대	주상기타(단독주택)	준주거	중로한면	가장형평지	1,330,000
2	C구 B동 130-25	301.4	대	상업용	일반상업	소로각지	세장형평지	1,610,000
3	C구 B동 185	216.0	대	상업나지	2종일주	소로한면	가장형평지	1,400,000
4	C구 B동 170-5	330.9	대	주상용	일반상업	중로각지	가장형평지	1,770,000
5	C구 B동 180-5	387.6	대	상업용	일반상업	소로각지	가장형평지	1,450,000

※ 일련번호 2와 4는 건물 부조화로 인하여 10% 건부감가 존재하는 것으로 조사되었고, 일련번호 5는 문화재보호구역으로 일부(50㎡) 제한받고 있는 것으로 조사됨

1. 거래사례 1
   (1) C구 B동 10-53번지 복합부동산 사례로 관공서 이전에 따라 중요임차자의 계약해지가 발생하여 거래 당시 15% 저가 거래된 것으로 조사되고 있음
   (2) 토지특성: 대, 300㎡, 일반상업지역, 상업용, 소로한면, 정방형, 평지
   (3) 건물특성: 철골철근콘크리트조 슬래브지붕, 5층, 연면적 600㎡, 사용승인일자 2017.12.21.
   (4) 거래내역: 2025.1.1.에 총 10억원에 계약체결(계약금 1억원)하여 중도금 없이 2025.5.30.에 잔금을 전액 지급한 것으로 확인됨

2. 거래사례 2
   (1) C구 E동 123번지 거래사례로 지상 건물 철거조건으로 철거비는 매도인이 부담함
      (예상철거비 30,000원/㎡, 실제철거비 25,000원/㎡)
   (2) 토지특성: 대, 320㎡, 일반상업지역, 정방형, 평지, 소로한면
   (3) 건물특성: 목조 기와지붕, 단층, 연면적 150㎡의 노후화된 건물로 일반건축물대장상 신축일자 1964.2.9.임
   (4) 거래내역: 2025.1.1.에 거래한 것으로 조사되고 거래금액은 총 7억원임

자료 4 평가사례

기호	소재지	면적 (㎡)	지목	이용상황	용도지역	도로교통	형상지세	평가목적	평가가액 (원/㎡)	기준시점
1	C구 B동 113	421.2	대	상업용	일반상업	소로한면	사다리평지	담보	1,950,000	2025.5.1.
2	C구 B동 147	298.7	대	상업용	일반상업	소로한면	세장형평지	담보	2,200,000	2025.6.1.
3	C구 B동 315	332.9	대	업무용	일반상업	중로각지	가장형평지	경매	3,100,000	2024.12.21.

※ 일련번호 1 표준지는 도시계획시설도로에 20% 저촉된 상태임

자료 5 대상건물 자료

1. 면적: 지상 각층 300㎡, 지하 각층 180㎡
2. 지상층 부대설비: 위생설비(20단위), 중앙난방 및 냉방설비, 화재탐지설비, 옥내소화전설비(각 층 1개)
3. 지하층 부대설비: 자동주차설비(30대), 스프링클러설비
4. 공통부대설비: 비상발전설비(100KVA), 승강기설비(일반용 3대, 비상용 1대), 수변전설비(300KVA), 방송설비, 피뢰침설비
5. 사용승인일: 2017.10.1.

6. 기준시점 현재 표준적 건축비

(1) 기본건축비

구조	철골조	철근콘크리트조	조적조	목조
건축비	500,000원/㎡	750,000원/㎡	600,000원/㎡	700,000원/㎡

※ 기본건축비는 부대설비가격이 포함되지 않은 가격이며, 지하부분은 지상부분의 70%를 적용함

(2) 부대설비 보정단가

1) 위생설비: 300,000원/단위

2) 난방설비: 50,000원/㎡

3) 냉방설비: 80,000원/㎡

4) 화재탐지설비, 스프링클러설비: 각 10,000원/평

5) 옥내소화전설비: 1,000,000원/개

6) 자동주차설비: 200,000원/대

7) 비상발전설비, 수변전설비: 100,000원/KVA

8) 승강기설비: 일반용(30,000,000원/대), 비상용(20,000,000원/대)

9) 방송설비, 피뢰침설비: 각 10,000원/10평

7. 감정수정은 정액법으로 함

8. 내용연수

구조	철골조	철근콘크리트조	조적조	목조
내용연수	50	50	45	50

자료 6 시점수정자료

1. 지가변동률(서울특별시, %)

누계	2024. 누계		2025.6. 누계		2025.6.		2025.7.	
	주거지역	상업지역	주거지역	상업지역	주거지역	상업지역	주거지역	상업지역
C구	1.086	0.477	0.541	0.025	0.000	−0.181	−	−
D구	1.095	0.946	0.469	0.179	0.112	−0.108		

2. 건설공사비 지수

2023.12.	2024.6.	2024.12.	2025.6.
95	100	102	103

1. 지역요인: B동은 E동에 비해 5% 우세함
2. 개별요인
   (1) 도로접면(각지는 한면 대비 3% 가산)

광대로한면	중로한면	소로한면	세로한면	맹지
105	100	95	90	80

   (2) 형상

정방형	가장형	세장형	사다리	부정형
100	105	98	90	80

   (3) 문화재보호구역: 15%의 감가가 발생함
   (4) 기타 개별요인

본건	표준지 1	표준지 2	표준지 3	표준지 4	표준지 5	거래 사례 1	거래 사례 2	평가 사례 1	평가 사례 2	평가 사례 3
100	95	103	96	97	104	100	102	94	101	100

문제 19 건물 원가방식(감가수정, 시장추출법)

아래와 같이 제시된 자료를 검토하여 2025년 7월 2일 기준 대상건물의 시장가치를 산정하되, 정액법 및 정률법을 적용한 양 가액 모두를 제시하시오. (10점)

자료 1 대상건물 내역

1. 소재지: H도 D구 F동 1번지
2. 구조: 철근콘크리트조 슬래브지붕 5층, 상업용, 1,200㎡
3. 사용승인일: 2017.6.28.

자료 2 대상건물 건축비내역 자료

내역	비용(원)	내역	비용(원)
1. 직접비		1. 직접비	
기초 및 토공사	15,500,000	전기배선	15,700,000
철근콘크리트 공사	155,000,000	전기설비	12,500,000
방수공사	3,300,000	담장	4,200,000
타일공사 및 목공상	6,200,000	조경	4,900,000
바닥틀	48,700,000	계	383,200,000
천장	12,400,000		
내벽	86,800,000		
도장	4,600,000	2. 간접비	
울타리	2,300,000	간접비	직접비의 15%
배관설비	7,800,000	3. 도급인 이윤	
마당	3,300,000	도급인 이윤	직접비의 10%

자료 3 감가수정 자료(최근 거래사례. 평균치 적용)

구분	사례 1	사례 2	사례 3
거래가격	21,000,000원	20,000,000원	25,000,000원
토지가치	9,600,000원	9,000,000원	12,000,000원
재조달원가	15,000,000원	14,000,000원	17,000,000원
경과년수	10년	12년	11년

※ 거래사례의 건물과 대상건물과의 개별요인은 유사한 것으로 조사됨

문제 20 건물 원가방식(분해법)

아래와 같이 제시된 자료를 검토하여 2025년 7월 1일 기준 대상건물의 시장가치를 산정하되, 재조달원가는 직접법 및 간접법을 적용하며, 감가수정액은 분해법을 적용하시오. (30점)

자료 1 대상 관련 내용

1. 토지
   (1) 소재지: 인천광역시 부평구 B동 1번지
   (2) 면적 등: 500㎡, 제2종일반주거지역, 상업용, 소로한면, 가장형, 평지
2. 건물
   (1) 구조: 철근콘크리트조 슬라브지붕(3급)
   (2) 규모: 지상 3층, 연면적 500㎡, 각 층별 면적 동일
   (3) 사용승인일: 2020.6.1.

자료 2 건축비 관련 자료

1. 소유자 제시 건축비 내역서(건축 당시)

직접공사비			
내용	원가(원)	내용	원가(원)
터파기 및 정지	10,000,000	배관	15,000,000
기초	15,000,000	배관설비*	5,000,000
외벽	110,000,000	전기배선*	11,000,000
지붕틀	20,000,000	전기설비*	7,000,000
지붕마감*	10,000,000	난방설비*	27,000,000
골조	50,000,000	울타리	7,000,000
바닥틀	30,000,000	조경	5,000,000
바닥마감*	6,000,000		
천장*	11,000,000		
내벽	85,000,000	2. 간접비·기업이윤	
도장(내·외부)*	4,000,000	: 직접공사비의 30%	

※ 상기 내역서 중 지붕마감 등 * 표시항목은 단기항목(부대설비)임

2. 표준적 건축비

분류번호	용도	구조	급수	표준단가(원/㎡)	내용연수
1-3-6-15	점포 및 상가	철근콘크리트조 슬라브지붕	3	1,250,000	50 (45~55)
1-5-6-11	공장	철골조 슬라브지붕	3	868,000	35 (30~40)

※ 부대부분의 내용연수는 15년임
※ 표준적 건축비는 부대설비 보정단가가 포함된 금액임

자료 3   대상 건물 조사 내역

1. 대상건물은 내·외부 도장상태 일부가 불량하며, 재도장 비용은 1,200,000원, 재조달원가는 1,000,000원임
2. 대상건물은 내부 공기정화설비 부재에 따라 연간 800,000원의 임대료 손실이 발생하며, 기준시점 현재 공기정화설비 설치비용은 4,000,000원, 준공 당시 설치비용은 2,500,000원임
3. 대상건물은 개별유류보일러설비로 난방설비를 갖추고 있으나, 최근 인근지역 내 도시가스설비가 구축됨에 따라 연간 200,000원/대의 순수익 손실이 발생하고 있으며, 기존 개별유류보일러설비의 재조달원가는 1,000,000원/대, 도시가스설비로의 시설교체비용은 2,500,000원/대임. 기준시점 현재 개별유류보일러의 폐재가치는 300,000원/대, 기준시점 신규 설치비용은 1,200,000원/대이며 보일러의 내용연수는 10년임. 건물 내 유류보일러는 총 10대임
4. 대상건물의 층고는 약 4.5m이며, 인근지역 내 유사 건물의 층고는 3.5m로 층고 차이에 따른 연간 난방비 손실액은 150,000원임. 기준시점 현재 층고 차이 부분에 대한 재조달원가는 18,000,000원임
5. 대상부동산과 도로를 기준으로 마주하는 곳에 폐자재수집업체가 소재하며, 이에 따라 임대료에 손실이 발생함. 정상적인 건물 대비 전체 순수익 기준 월 120,000원이 낮게 수취되고 있음

자료 4   기타사항

1. 인근지역 내 복합부동산의 토지·건물 가격구성비는 5:5임
2. 건물 (상각 전)환원율: 10%
3. 토지 환원율: 6%
4. 건설공사비지수: 연 4% 상승
5. 인근지역 내 시장의 전형적인 조소득승수(PGIM): 7.0
6. 경제적 타당성 분석 시 환원율 또는 조소득승수를 기준함

(주)H감정평가법인은 소유자인 D씨로부터 아래와 같은 부동산 대한 감정평가 의뢰를 받고 다음과 같은 자료를 수집하였다. 주어진 자료를 활용하여 대상부동산의 시장가치를 평가하시오. (30점)

자료 1 대상부동산 내역

1. 토지(경기도 안산시)

기호	소재지	지목	면적 (㎡)	용도 지역	이용 상황	도로 교통	형상 지세
1	단원구 성곡동 55-62	장	1,421	일반공업	공업용	소로 한면	정방형 평지
2	단원구 성곡동 55-63	장	379	일반공업	공업용	소로 각지	가장형 평지
3	단원구 성곡동 55-64	도로	24	일반공업	도로	–	–

2. 건물

대지위치	단원구 성곡동 55-62 외 1필지		
연면적(㎡)	1,080	용적률 연면적(㎡)	1,080
건폐율	40.00%	용적률	60.00%
주용도	공장	주구조	일반철골구조
관련지번	성곡동 55-63	사용승인일	2015.4.2.

3. 기타사항
   (1) 감정평가목적: S은행 담보제출용
   (2) 감정평가의뢰일: 2025.7.9.
   (3) 가격조사완료일: 2025.7.10.
4. 주위환경: 기존 공업지대

자료 2 | 표준지공시지가(공시기준일: 2025.1.1. 단위: 원/㎡)

기호	소재지	면적 (㎡)	지목	이용 상황	용도 지역	도로 교통	형상 지세	공시지가
가	성곡동 48-2	385.4	장	공업용	일반 공업	소로 한면	가장형 평지	3,390,000
나	성곡동 56-8	1,328.6	장	공업용	일반 공업	소로 한면	세장형 평지	3,480,000
다	성곡동 87-81	1,763.5	대	공업용	일반 공업	소로 각지	가장형 평지	3,580,000
라	성곡동 92-56	657.8	장	상업용	일반 공업	소로 각지	가장형 평지	3,790,000

※ 일련번호 다는 건부감가 15% 고려됨

자료 3 | 거래사례

기호	지번	용도지역	지목 이용 상황	형상 도로 교통	토지면적 (㎡) / 건물면적 (㎡)	거래가격 (천원)	거래시점	사용 승인일
A	성곡동 56-22	일반 공업	장 공업용	가장형 소로각지	1,215 / –	5,780,000	2025.3.31.	–
	매매계약서상 특약사항: 위 매매대금 중 200,000,000원은 지상에 소재하는 무허가 건축물의 거래대금인 것으로 양자 합의함							
B	성곡동 93-2	일반 공업	대 공업용	정방형 소로한면	1,762 / 1,250	8,800,000	2024.6.14.	2011.6.20.
	• 기준시점 건물 재조달원가: 750,000원/㎡ • 거래시점 건물 재조달원가: 700,000원/㎡ • 구조 및 내용연수: 일반철골구조 경량철골지붕, 35년							
C	성곡동 128-8	일반 공업	장 공업용	정방형 중로한면	407 / 125.2	2,260,000	2025.4.7.	2019.8.23.
	매매계약서상 특약사항: 매매대금 중 60%는 계약일에, 40%는 잔금일인 2개월 이후 지급 조건임. 할인율 8% 적용함. 지상 건물은 철거를 조건으로 거래되었으며 매도인이 부담함							

기호	소재지	면적 (㎡)	지목	이용 상황	용도 지역	도로 교통	형상 지세	평가 목적	평가가액 (원/㎡)	기준시점
1	성곡동 258-1	1,418	장	공업용	일반 공업	소로 한면	사다리 평지	담보	4,580,000	2025.5.12.
2	성곡동 642-3	1,798	장	공업용	일반 공업	소로 한면	세장형 평지	담보	4,630,000	2025.6.14.
3	성곡동 878-2	382	장	공업용	일반 공업	소로 한면	부정형 평지	담보	4,270,000	2024.11.7.

자료 5   지가변동률(경기도 안산시 단원구, %)

2024. 누계		2025.6. 누계		2025.6.		2025.7.	
공업지역	상업지역	공업지역	상업지역	공업지역	상업지역	공업지역	상업지역
2.476	2.657	1.048	1.167	0.482	0.339	–	–

자료 6   지역요인 및 개별요인 자료

1. 지역요인: 성곡동은 모두 인근지역임
2. 개별요인
    (1) 도로접면(각지는 한면 대비 3% 가산)

광대로한면	중로한면	소로한면	세로한면	맹지
105	100	95	90	80

   (2) 형상

정방형	가장형	세장형	사다리	부정형
100	102	98	90	95

3. 건물 재조달원가 개별요인

본건	거래사례 A	거래사례 B	거래사례 C
100	–	102	54

자료 7   기타사항

1. 본건 토지 공장 전체 기준 물적특성은 소로각지, 부정형, 평지임
2. 거래사례 재조달원가는 표준적인 건축비임
3. 본건 소재 성곡동은 토지면적 차이 10% 이상인 경우 가격 격차가 있는 것으로 판단됨. 1,000㎡ 이하에서 10% 이상 토지면적 차이는 10% 격차율, 1,000㎡ 이상에서는 5% 격차율을 반영함. 단, 2,000㎡ 이하 토지면적에서는 토지면적이 클수록 유리함
4. S은행은 지목 또는 이용상황이 도로인 경우에는 감정평가외 할 것으로 (주)H 감정평가법인과 담보약정이 되어 있음

문제 22 토지 원가방식(개발법, 건물신축개발)

감정평가사 이씨는 아래와 같은 토지에 대하여 시가참조 목적의 감정평가를 의뢰받았다. 주어진 자료를 활용하여 대상토지의 시장가치를 평가하시오. (30점)

자료 1 대상부동산 내역

1. 소재지: S시 C구 F동 110
2. 지목 및 면적: 대, 500㎡
3. 용도지역 등: 일반상업지역, 주거용
4. 형상 등: 정방형, 평지, 소로한면
5. 건물: 블럭조 기와지붕 지붕, 지상 1층, 주택 120㎡, 사용승인일 1979.1.8.
6. 기준시점: 2025.7.4.

자료 2 주위환경

본건이 소재하는 인근지역은 1~2층의 단독주택이 주를 이루는 기존 주택지대였으나 최근 지하철 개통 및 상업시설 등이 대거 유입됨에 따라 상업용·업무용 토지로의 이행이 활발하게 이루어지고 있음. 본건 건물은 기준시점 현재 상당한 노후화가 진행되어 있는바, 인근지역의 지역 개황 등을 비추어 볼 때 철거 후 상업용·업무용부지로의 이용이 최유효이용으로 판단되며, 대상토지 소유자도 이를 합리적으로 검토하기를 요청함

자료 3 인근 표준지공시지가(공시기준일: 2025.1.1. 단위: 원/㎡)

기호	소재지	면적(㎡)	지목	이용상황	주위환경	용도지역	도로교통	형상지세	공시지가
1	C구 F동 113	600	대	상업용	기존주택	일반상업	소로한면	가장형평지	2,530,000
2	C구 F동 121	301.4	대	상업용	노선상가	일반상업	소로각지	세장형평지	3,150,000
3	C구 F동 129-5	216.0	대	업무용	노선상가	준주거	소로한면	가장형평지	2,120,000
4	C구 F동 132-2	330.9	대	업무용	기존주택	일반상업	중로각지	가장형평지	2,170,000
5	C구 F동 152-1	387.6	대	상업용	기존주택	중심상업	중로각지	가장형평지	3,890,000

※ 일련번호 1은 지상권이 설정된 토지이며, 일련번호 5는 도시계획시설도로에 15%로 저촉됨

기호	소재지	면적 (㎡)	지목	이용 상황	용도 지역	도로 교통	형상 지세	평가 목적	평가가액 (원/㎡)	기준시점
A	C구 F동 113	305	대	주상용	일반 상업	소로 한면	사다리 평지	담보	3,640,000	2025.3.21.
B	C구 F동 147	450	대	상업용	일반 상업	소로 한면	세장형 평지	일반 거래	3,700,000	2025.2.1.
C	C구 F동 315	380	대	업무용	일반 상업	중로 각지	가장형 평지	일반 거래	4,500,000	2025.5.30.

자료 5 대상 상업용 건물 개발계획

1. 공사 스케줄(기준시점 즉시 개발허가·인가 착수 가정)(단위: 월)

구분	1	2	3	4	5	6	7	8	9	10	11	12
개발허가·인가												
공사착공·완공												
분양												

2. 개발계획
   (1) 건폐율: 60%, 용적률: 800%
   (2) 구조: 철근콘크리트조 슬래브지붕 지하 3층 지상 13층
   (3) 용도: 1층~3층 상업용, 4층~13층 업무용, 지하층 기계실 및 주차장
   (4) 각 층 면적: 건폐율 최고 한도, 각 층 면적 동일
   (5) 각 층 면적과 분양면적은 동일함

3. 개발비용
   (1) 건물 신축 단가(기준시점 당시)

용도	구조	급수	표준단가(원/㎡)
기계실, 주차장	철근콘크리트조	2	750,000
근린생활시설	철근콘크리트조	2	1,200,000
업무시설(업무용)	철근콘크리트조	2	1,350,000

   (2) 기타: 판관비는 분양총액의 3%이며, 분양개시시점과 분양완료시점에 각각 50%씩 지출됨. 건축공사비는 착공 시 30%, 착공 후 4개월 후 50%, 완공시 20%씩 각각 지출됨

자료 6 　분양계획안

1. 인근 분양사례

기호	소재지	면적(㎡)	층	용도	분양가액(원/㎡)	분양시점
1	C구 F동 210	300	1층	상업용	2,600,000	최근
2	C구 F동 210-5	300	4층	업무용	1,950,000	최근

※ 상기 분양사례는 본건 대비 5%로 열세하며, 본건 분양가액으로 비교시 적정한 것으로 판단됨

※ 분양가액은 기준시점 현재를 기준함

※ 용도가 동일할 경우 층별효용은 동일한 것으로 봄

2. 분양 스케줄: 분양판매금은 분양개시시점에 20%, 완공시점에 50%, 완공 후 6개월 이후에 30%로 각각 회수될 것으로 판단됨. 투하자본이자율은 월 1%를 적용함

자료 7 　가치형성요인 자료 등

1. 지기변동률(S시, %)

구분	2024. 누계	2025.1.	2025.2.	2025.3.	2025.4.	2025.5.
C구 주거지역	2.140	0.150	0.110	0.090	0.085	0.080
C구 상업지역	2.225	0.320	0.300	0.150	0.380	0.300

2. 개별요인 비교(도로조건 포함)

(1) 표준지 비교

대상	표준지 1	표준지 2	표준지 3	표준지 4	표준지 5
98	100	92	96	105	112

(2) 사례 비교

대상	사례 A	사례 B	사례 C
98	94	98	107

3. 철거비는 미고려함

감정평가사 이씨는 서울시 양천구에 소재하는 M아파트 2동 502호에 대해 K은행으로부터 담보목적의 감정평가를 의뢰받았다. 주어진 자료를 활용하여 2025.7.1.자 대상 아파트의 시장가치를 비교방식 및 원가방식을 적용하여 평가하시오. (30점)

자료 1 대상부동산 내역

1. 토지

기호	소재지	면적 (㎡)	지목	이용 상황	용도 지역	도로 교통	형상 지세	주위환경
1	목동 100	6,000	대	아파트	3종 일주	소로 각지	사다리형 평지	아파트지대

2. 건물

(1) 건물 개황

기호	소재지	구조	구조	용도	급수	비고
1	목동 100	철근콘크리트조 슬라브지붕	지하 1층/ 지상 15층	아파트	3급	사용승인: 1990.1.1.

(2) 건물 세부 내역

구분	면적	구조	비고
지하 1층	800㎡	기계실	전기설비, 소방설비
지상층	각 870㎡	아파트	전기설비, 소방설비, 위생설비, 냉난방설비, 승강기설지

(3) 층 내역(각 층 7개호 동일)

1~4호		5~7호	
전유면적	공급면적	전유면적	공급면적
84㎡	105㎡	120㎡	150㎡

3. 평가대상

기호	동	층	호	전유면적(㎡)	공용면적(㎡)	공급면적(㎡)
1	2동	5층	502호	84	21	105

자료 2   인근 표준지공시지가(공시기준일: 2025.1.1. 단위: 원/㎡)

기호	소재지	면적 (㎡)	지목	이용 상황	용도 지역	도로 교통	형상 지세	공시지가
1	목동 97-3	6,500	대	주상 복합	일반 상업	소로 한면	가장형 평지	15,530,000
2	목동 98	3,200	대	아파트	준주거	소로 각지	세장형 평지	13,150,000
3	목동 121	6,000	대	아파트	3종 일주	소로 한면	가장형 평지	12,200,000
4	신정동 110-4	1,230	대	아파트	3종 일주	중로 각지	가장형 평지	10,170,000

※ 상기 표준지는 인근지역의 적정 시세를 반영하고 있음

자료 3   인근 거래사례

구분	사례 A	사례 B	사례 C	사례 D
소재지	목동 120	목동 100	목동 120	목동 100
대상	2동 5층 502호	1동 8층 802호	1동 9층 902호	3동 13층 1301호
거래시점	2025.5.5.	2025.3.1.	2023.8.2.	2025.4.7.
이용상황	아파트	아파트	아파트	아파트
용도지역	3종일주	3종일주	3종일주	3종일주
전유면적(㎡)	84	80	75	100
공급면적(㎡)	120	100	107	125
사용승인일	1988.1.1.	1988.1.1.	1988.1.1.	1988.1.1.
개별요인 (대상 100)	99	100	99	100
거래금액(원)	680,000,000	720,000,000	650,000,000	850,000,000

자료 4   인근 최근 아파트 분양자료

1. 전유면적당 분양가격

층별	1층	2~5층	6~10층	11~14층	15층
분양가격(원/㎡)	18,000,000	20,000,000	21,000,000	21,500,000	21,000,000

호별	1~2호	3~4호	5~7호
분양가격(원/㎡)	19,000,000	18,000,000	16,000.000

2. 상기 분양가액은 인근지역의 층별·위치별 효용을 적정하게 반영하고 있음

자료 5 시점수정 및 개별요인

1. 지가변동률(서울시 양천구, %, 2023년 및 2024년 지가변동률은 보합세)

구분	주거지역	상업지역
2025.1.1.~2025.5.31. 누계	2.265	3.543
2025.5.1.~2025.5.31.	0.787	0.954

2. 아파트매매가격지수(2024년 이전 아파트매매가격지수는 100을 전제함)

구분	2025.1.	2025.2.	2025.3.	2025.4.
양천구	102	102	103	104

3. 개별요인(토지)

대상	표준지 1	표준지 2	표준지 3	표준지 4
100	115	97	98	125

자료 6 표준건축비

1. 기본 건축비(기준시점 현재, 지상·지하 구분 없이 적용, 감가수정은 정액법 적용)

번호	용도	구조	급수	표준단가(원/㎡)	내용연수
02-01-05-09	아파트	철근콘크리트조	2	1,500,000	50
	아파트	철근콘크리트조	3	1,450,000	50

2. 부대설비 보정단가

구분	비고
전기설비	20,000원/㎡
위생설비	35,000원/㎡
냉난방설비	100,000원/㎡
승강기설비	8억원

문제 24 순수익 산정 수익방식(직접법)

감정평가사 이씨는 다음과 같은 상업용 부동산에 대해 감정평가를 의뢰받았다. 2025년 6월 24일을 기준시점으로 수익방식을 적용하여 대상부동산의 감정평가액을 결정하시오. (10점)

자료 1 대상부동산 임대내역

1. 임대기간: 2025.6.24. 이후 2년(매기 동일, 영구 발생 전제)
2. 임대내역

지급임대료	매월 초 2,500,000
예금적 성격의 일시금	지급임대료의 20개월분
선불적 성격의 일시금	지급임대료의 10개월분
주차장 수입	220,000원/월
관리비 수입	580,000원/월

3. 운영경비 등 자료

대손충당금 및 공실손실상당액	연 지급임대료 총액의 5%
손해보험료	임대기간 중 25,000,000원을 기간 초에 지급하고 만기 시 5% 이자를 가산하여 환급되는 조건
조세공과금	연 1,700,000원
운영경비	연 3,600,000원
소유자 급여	연 12,000,000원
공익비	400,000원/월
법인세	연 1,350,000원

자료 2 기타자료

종합환원율 8%, 보증금운용이율 1.5% 및 시장이자율은 연 6%임

감정평가사 이씨는 다음과 같은 상업용 부동산에 대한 시가 감정평가를 의뢰받았다. 2025.7.7. 기준 대상부동산의 감정평가액을 산정하시오. (20점)

자료 1 대상부동산 현황

1. 소재지: S시 J구 H동 100번지, 일반상업지역
2. 토지: 대, 320㎡, 소로한면, 부정형, 평지
3. 건물: 위 지상 벽돌조 슬래브지붕, 5층 건물, 연면적 500㎡, 사용승인일 2015.10.7, 표준적 건축비 1,000,000원/㎡, 내용연수 40년

자료 2 본건 임대내역

1. 임대기간 : 2025.7.7.~2027.7.6.
2. 지급임대료: 매월 15,200,000원
3. 예금적 성격의 일시금: 300,000,000원
4. 선불적 성격의 일시금: 10,000,000원
5. 관리비: 1,700,000원/월(실비상당액: 950,000원/월)
6. 주차장 수입: 850,000원/월
7. 손해보험료: 기초에 기간 2년, 4,000,000원에 화재보험을 계약함
8. 기타 매월 운영경비 등
   (1) 조세공과금: 법인세 300,000원 및 재산세(대상분) 200,000원 포함하여 750,000원
   (2) 유지관리비: 1,200,000원
   (3) 광고선전비: 850,000원

인근지역 임대사례

1. 소재지: S시 J구 H동 35번지, 일반상업지역
2. 토지: 대, 300㎡, 소로한면, 가장형, 평지
3. 건물: 위 지상 벽돌조 아스팔트 싱글 5층, 건물, 연면적 450㎡, 사용승인일 2014.3.8, 표준적 건축비 950,000원/㎡, 내용연수 40년
4. 임대기간: 2025.3.1~2027.2.28.
5. 임대내역
   (1) 임대수입
       1) 보증금: 280,000,000원
       2) 지급임대료: 매월 14,800,000원
       3) 권리금: 5,000,000원
       4) 주차장수입: 연 지급임대료의 7%
   (2) 운영경비: 10,500,000원

자료 4 **기타사항**

1. 대상과 임대사례의 개별요인비교치는 토지·건물 종합하여 대상이 10%로 우세함(면적요인 포함)
2. 대상 소재 인근지역 내 임대료는 보합세를 유지하고 있음
3. 인근지역의 표준적인 공실률은 5%로 조사됨
4. 시장이자율은 6%, 일시금의 운용이율 2%, 종합환원율은 4.5%를 적용함
5. 감가수정은 내용연수법, 정액법 적용함

감정평가사 이씨는 아래와 같은 수익용 부동산의 시가참조 목적의 감정평가를 의뢰받았다. 주어진 자료를 활용하여 기준시점 현재 대상부동산의 시장가치를 평가하시오. (20점)

자료 1   대상부동산 임대수입 내역

1. 임대료: 월 38,500,000원
2. 보증금: 200,000,000원
3. 주차장 수입: 월 1,500,000원

자료 2   대상부동산 경비 내역(년 기준)

구분	금액(원)	구분	금액(원)
전기사용료	11,300,000	종합부동산세	8,900,000
난방비	5,200,000	소득세	4,520,000
수도광열비	4,800,000	법인세	820,000
광고선전비	1,200,000	정상운정자금이자	1,800,000
감가상각비	18,700,000	자기자금이자상당액	1,200,000
소유자급여	12,900,000	연간 수선비	1,300,000
보험료	12,000,000	유지관리비	2,300,000

1. 종합부동산세는 대상분임
2. 보험료는 5년분으로 전액 소멸성임
3. 본건 부동산은 소유자가 직접 관리하고 있으며, 외부 부동산 관리업체 위탁 시 유사부동산의 통상적인 관리비는 연간 지급 임대료의 5%를 차지함
4. 인근지역 내 유사부동산의 통상적인 공실률은 8%임

자료 3 거래사례 및 임대사례 자료 등

1. 거래사례

조사대상	거래 가격	순수익(연)
J건물	3억원	12,000,000원
K건물	4.5억원	35,000,000원
H건물	9억원	49,500,000원
D건물	20억원	100,000,000원

※ K건물의 경우 매도자의 사정으로 인해 급매한 사례임

2. 임대사례: 인근지역 내 대상과 유사한 부동산의 환원율 자료로서 토지 환원율은 4%, 건물 상각 후 환원율은 7%이며 잔존 내용연수는 40년으로 조사됨. 사례의 토지가격구성비는 70%임

3. 위험률 자료

조사자료	부동산 가격
무위험률	2%
위험성 반영 할증률	1~3%(중위값 적용)
비유동성 반영 할증률	0.5%
관리의 난이성 반영 할증률	1%

4. 기타

(1) 자료 1: 인근지역 내 대상과 유사한 부동산의 거래사례로 총 매매금액 7억원 중 현금 4억 5천만원과 대출금 2억 5천만원으로 거래함. 대출 이자율은 7%이고 지분배당률은 4%로 조사됨

(2) 자료 2: 인근지역 내 수익성 부동산의 투자분석 결과 통상적인 대부비율 60%, 이자율 7%, 대출 기간 20년, 유사부동산의 평균적인 예상 보유기간은 15년, 보유기간 후 매도 시 부동산 가치상승분은 15%, 자기자본 수익률은 5%로 조사됨

자료 4 기타사항

1. 보증금 운용이율은 무위험률을 적용할 것
2. 시장이자율은 5%로 적용할 것
3. 환원율은 각 방법에 따른 결과치를 단순 평균할 것

감정평가사 이씨는 아래와 같은 수익용 부동산의 일반거래 목적 감정평가를 의뢰받았다. 주어진 자료를 활용하여 기준시험 현재 대상부동산의 시장가치를 산정하시오. (15점)

자료 1 대상부동산 현황

1. 소재지: K시 J구 G동 10번지, 일반상업지역
2. 토지: 대, 300㎡, 소로한면, 가장형, 평지
3. 건물: 위 지상 블럭조 슬래브지붕, 3층, 상업용, 연면적 400㎡, 사용승인일 1992.10.1.
4. 기준시점: 2025.7.6.

자료 2 본건 임대내역

1. 임대기간 : 2025.7.1.~2030.6.31.
2. 지급임대료: 매월 15,200,000원
3. 보증금 운영이익: 연 3,000,000원
4. 공익비 실비 초과액: 700,000원/월
5. 기타 월 운영경비 등
   (1) 조세공과금: 470,000원
   (2) 유지관리비: 1,200,000원
   (3) 광고선전비: 350,000원
   (4) 소득세: 1,470,000원

자료 3 인근 표준지공시지가(공시기준일: 2025.1.1. 단위: 원/㎡)

기호	소재지	면적 (㎡)	지목	이용 상황	용도 지역	도로 교통	형상 지세	공시지가
1	J구 G동 12-5	280	대	상업용	일반 상업	소로 한면	정방형 평지	7,530,000
2	J구 G동 15	320	대	상업용	일반 상업	중로 한면	세장형 평지	7,850,000
3	J구 G동 13	300	대	상업용	일반 상업	소로 한면	가장형 평지	7,180,000

※ 상기 표준지는 인근지역의 적정 시세를 반영하고 있음
※ 일련번호 3은 도시계획시설도로에 저촉된 토지이며, 감가율은 20%임

1. 인근지역 내 토지의 가격은 보합세를 유지하고 있음
2. 본건 토지 대비 표준지는 가치형성요인이 대등한 것으로 조사됨
3. 토지환원율은 6%, 회수율은 직선법을 적용할 것
4. 블록조의 내용연수는 40년임

문제 28 토지잔여법 수익방식

감정평가사 이씨는 아래와 같은 부동산의 시가참조 목적 감정평가를 의뢰받았다. 주어진 자료를 활용하여 기준시험 현재 대상부동산의 시장가치를 산정하시오. (20점)

자료 1 대상부동산

1. 소재지: J시 C구 B동 50
2. 지목 등: 대, 1,800㎡
3. 용도지역: 준주거지역
4. 용도: 상업용 및 업무용
5. 건물: 철근콘크리트조 슬래브 지붕, 지상 8층
6. 가격조사완료일 : 2025.7.15.

자료 2 임대사례

1. 소재지: J시 C구 B동 947
2. 지목 및 면적: 대, 2,200㎡
3. 용도지역: 준주거지역
4. 용도: 상업용 및 업무용
5. 건물: 철근콘크리트조 슬래브지붕, 지상 10층
6. 임대기간: 2025.4.1.~2029.3.31.

구분	금액(원)	구분	금액(원)
보증금 운용이익	85,000,000	유지관리비	47,000,000
월 임대료 수입	220,000,000	제세공과금	56,000,000
월 주차장 수입	5,800,000	소득세	36,350,000
월 광고판 수입	300,000,000	손해보험료	14,500,000
		수도광열비	35,800,000
		감가상각비	215,000,000
		전기사용료	24,900,000

※ 광고판 수입은 사례 건물에 부착된 전자 광고판의 광고 수입으로 별도 관리되는 구축물 성격임
※ 손해보험료는 전액 소멸성이며, 통상적인 공실률은 3%임

자료 3 대상 및 사례 건물요인

구분	대상	임대사례	건설사례
사용승인일	2017.7.18.	2019.5.4.	2025.2.1.
연면적(㎡)	8,100	9,400	8,500
기준시점 현재 잔존내용연수	42	44	50
개별요인 비교치	95	98	100
재조달원가	–	–	1,200,000원 /㎡

자료 4 가치형성요인 비교

1. 임대료 변동률은 보합세임
2. 건설공사비 지수

2025.1.	2025.2.	2025.3.	2025.4.
107	112	118	125

3. 토지 개별요인 비교치

대상	임대사례
100	102

자료 5 시장 매매자료

매매사례	순수익	토지 매매가액
1	8억원	180억원
2	6억원	140억원
3	8억 7천만원	190억원

자료 6 기타사항

1. 인근 지역의 통상적인 토지·건물순수익(가격) 구성비는 7:3임
2. 인근지역 내 상업용 부동산의 종합환원율은 통계적 분석 결과 5.5%로 조사됨
3. 건물환원율은 상각률 미포함
4. 인근지역은 상업·업무지대임

H감정평가법인은 다음과 같은 부동산에 대해 감정평가를 의뢰받았다. 주어진 자료를 활용하여 2025년 6월 24일 기준 대상부동산의 시장가치를 산정하시오. (15점)

자료 1 　 대상부동산

1. 소재지: K시 H구 J동 1-2
2. 지목 등: 대, 150㎡, 세로(가), 부정형, 평지
3. 용도지역: 제2종일반주거지역
4. 용도: 점포(근린생활시설)
5. 건물: 조적조 평지붕, 지상 1층, 사용승인일 2000.5.26, 내용연수 40년

자료 2 　 인근 표준지공시지가(공시기준일: 2025.1.1. 단위: 원/㎡)

기호	소재지	면적 (㎡)	지목	이용 상황	용도 지역	도로 교통	형상 지세	공시지가
1	H구 J동 1-5	300	대	상업용	2종 일주	세로 (가)	정방형 평지	1,650,000
2	H구 J동 1-32	200	대	상업용	2종 일주	세로 (가)	세장형 평지	1,540,000
3	H구 J동 2-25	300	대	주거용	2종 일주	세로 (불)	가장형 평지	1,300,000

※ 상기 표준지의 현실화율은 85%임

자료 3 　 기준시점 현재 본건 임대내역

구분	금액(원)	구분	금액(원)
보증금 운용이익	1,200,000	유지관리비	1,200,000
월 임대료 수입	2,250,000	제세공과금	650,000
		전기사용료	2,320,000
		수도광열비	2,250,000
		부가사용료	450,000

1. 내용연수 만료 시 건물의 잔존가치율은 0임
2. 대상의 부동산은 장기임대차계약으로 고정임대료이며, 인근지역 내 상업용 부동산의 임대료 또한 장기간 보합세를 유지할 것으로 판단됨
3. 대상토지의 기간 말 적정가액은 기준시점 현재 감정평가액의 55% 상승한 가액이며, 표준지와 대상간의 개별요인은 대등함
4. 최근 인근지역의 지가는 보합세를 유지하고 있으며, 시장의 전형적인 할인율은 6%임

S감정평가법인은 아래와 같은 복합부동산에 대한 감정평가를 의뢰받았다. 제시된 자료를 기초로 대상부동산의 시장가치를 산정하시오. (10점)

자료 1 대상부동산

1. 본건 건물은 철근콘크리트조 슬래브 지붕 5층 상업용 건물로 각층 면적은 300㎡임
2. 본건 건물은 전체 면적 중 약 85%가 임대 가능면적임

자료 2 대상 임대내역

1. 임대료: 연 70,000원/㎡
2. 임대보증금: 15억원
3. 공실률: 7%
4. 영업경비자료: EGI의 30%
5. 기타소득: 주차장 수입 월 300,000원

자료 3 기타사항

1. 할인율 5%, 기출환원율 10%, 무위험률은 2%임
2. 보유기간 동안의 임대료 및 경비는 고정됨
3. 보유기간 5년, 재매도 비용은 매도가액의 3%임

문제 31 할인현금흐름분석법 수익방식

감정평가사 이씨는 다음과 같은 수익성 복합부동산에 대한 일반거래 목적의 감정평가를 의뢰받았다. 제시된 자료를 기초로 할인현금흐름분석법을 적용하여 대상부동산의 시장가치를 산정하시오. (20점)

자료 1 대상부동산 내역

1. 소재지: S시 C구 B동 300번지
2. 지목 등: 대, 1,200㎡, 소로한면, 가장형, 평지
3. 용도지역: 일반상업지역
4. 용도: 지하층-주차장 및 기계실, 지상층-상업용 및 업무용
5. 건물: 철골철근콘크리트조 평지붕, 지하 3층 및 지상 12층, 사용승인일 2017.8.31, 각층 면적 720㎡ 동일
6. 임대면적: 각 층 건축면적의 70%
7. 기준시점: 2025.7.6.
8. 대상은 S은행으로부터 대출액 10억원, 20년, 이자율 5%, 매년 원리금균등분할상환조건임

자료 2 인근지역 내 1층 임대사례 자료

1. 소재지: S시 C구 B동 181번지
2. 지목 등: 대, 1,000㎡, 소로각지, 가장형, 평지
3. 용도지역: 일반상업지역
4. 용도: 상업용 및 업무용
5. 건물: 철골철근콘크리트조 평지붕, 지하 2층 및 지상 11층, 사용승인일 2015.7.2.
6. 임대료: 월 8,000원/㎡
7. 임대기간 : 2025.6.15.~2030.6.14.
8. 사례 대비 본건 1층은 건물 내·외부요인에서 전체적으로 5% 우세임
9. 임대사례는 인근지역의 전형적인 임대료를 반영하고 있음

자료 3 인근지역 내 표준적 임대자료

1. 임대료는 매년 3%씩 상승, 공실률 3%, 운영경비비율은 EGI 대비 25%(임대기간 중 고정)임
2. 보증금 및 운영이율: 지불 임대료의 10개월분, 3% 적용
3. 보유기간 5년, 할인율 6%
4. 기말 복귀액은 6기 NOI기준, 기출환원율은 할인율에 위험률 3%p를 가산, 매도비용 3% 적용

층	1층	2층	3층	4~9층	10~12층
층별효용비	100	60	50	45	40

자료 4 층별효용비

감정평가사 甲씨는 S시에 소재하는 대상부동산에 대하여 일반거래(시가 참고) 목적의 감정평가를 의뢰받았다. 제시된 자료를 활용하여 다음 각 물음에 답하시오. (40점)

물음 1) 대상부동산의 감정평가액을 개별물건기준에 의하여 산정하시오. (10점)

물음 2) 대상부동산의 감정평가액을 할인현금흐름분석법에 의하여 산정하시오. (30점)

자료 1 기본적사항

1. 기준가치: 시장가치
2. 기준시점: 2025.8.7.
3. 대상물건의 개황

    (1) 토지

기호	소재지	면적(㎡)	지목	이용상황	용도지역	도로접면	형상지세	주위환경
1	S시 J구 M동 120	1,500	대	업무용	일반상업	광대세각	가장형평지	일반업무지대

    (2) 건물

    1) 건물 개황

기호	소재지	구조	층	용도	면적(㎡)	급수	비고
가	S시 J구 M동 120	철근콘크리트조	지하 4층/지상 10층	업무용	13,800	3급	허가일: 2017.7.15. 사용승인: 2018.6.5.

    2) 건물 세부 내역

구분	면적(㎡)	이용상황	비고
지하 1층~지하 4층	각 950	주차장, 기계실	전기설비, 소방설비
지상 1층~지상 10층	각 1,000	업무시설	전기설비, 소방설비, 위생설비, 냉난방설비, 승강기설비

인근 표준지공시지가(공시기준일: 2025.1.1. 단위: 원/㎡)

기호	소재지	면적 (㎡)	지목	이용 상황	용도 지역	도로 교통	형상 지세	주위 환경	공시지가
1	J구 M동 60	450	대	상업용	3종 일주	중로 한면	세장형 평지	후면 상가지대	16,200,000
2	J구 M동 110	1,400	대	업무용	일반 상업	광대 한면	세장형 평지	일반 업무지대	21,900,000
3	J구 M동 210	1,050	대	업무용	일반 상업	소로 한면	가장형 평지	후면 상가지대	18,500,000

※ 상기 표준지의 인근지역의 지가수준을 반영하고 있음

자료 3 재조달원가 및 감가수정 관련자료

1. 표준단가(지상·지하 구분 없이 적용, 감가수정은 정액법 적용)

용도	구조	급수	표준단가(원/㎡)	내용연수
업무시설	철근콘크리트조	2	1,300,000	50
업무시설	철근콘크리트조	3	1,200,000	50
업무시설	철근콘크리트조	4	1,100,000	50

2. 부대설비 보정단가(지하·지상 구분 없이 적용)

구분	보정단가(원/㎡)
전기설비, 소방설비, 위생설비	70,000
냉난방설비	140,000
승강기설비	30,000

3. 건물 잔가율은 0%, 감가수정은 정액법 적용

자료 4 시점수정 자료

1. 지가변동률(S시 J구, %)

구분	주거지역	상업지역
2025.1.1.~2025.6.30. 누계	1.265	3.471
2025.6.1.~2025.6.30.	0.795	1.025

2. 건설공사비 지수는 보합세임

3. 오피스 투자수익률(S시 J구, %)

구분	2024년 3분기	2024년 4분기	2025년 1분기	2025년 2분기
투자수익률(%)	1.6	1.7	1.3	1.4

자료 5 개별요인

대상	표준지 1	표준지 2	표준지 3
100	98	100	102

자료 6 대상부동산 및 인근지역 임대현황(기말 기준)

1. 대상부동산 임대현황

구분	임대면적 (㎡)	월 임대료 (원/㎡)	보증금 (원/㎡)	월 관리비 (원/㎡)
지상 1층	각 층 1,000	47,000	470,000	12,000
지상 2층		공실		
지상 3, 4층		25,000	250,000	12,000
지상 5~지상 10층		27,000	270,000	12,000

※ 주차장 수입 월 15,000,000원

2. 인근지역 표준적 임대 현황(기말기준으로 보정된 상태임)

구분	월 임대료 (원/㎡)	보증금 (원/㎡)	월 관리비 (원/㎡)
지상 1층	47,000	470,000	12,000
지상 2층	35,000	350,000	12,000

자료 7 수익방식 적용 자료

1. 인근지역 시장조사 결과 월 임대료는 보증금의 10% 수준으로 조사됨
2. PGI기준 매기 2% 상승, 보증금 운용이율은 연 2%임
3. 인근지역 건물의 전형적인 공실률은 5%임
4. 인근지역의 전형적인 운영경비는 관리비 수입의 70%, 매기 3% 상승
5. 대상부동산은 대출금액 150억원, 이자율 5%, 대출기간 20년, 매년 원리금균등분할상환 조건임
6. 영업소득세 25%, 예상 보유기간은 5년임
7. 기말복귀액은 개별물건기준가액의 5% 상승 가정, 매도비용은 4% 적용함

감정평가사 이씨는 아래와 같은 토지의 감정평가를 수행 중이다. 노선가식평가방법을 적용하여 합리적인 북측 노선가를 산정하시오. (15점)

자료 1 대상토지 개요

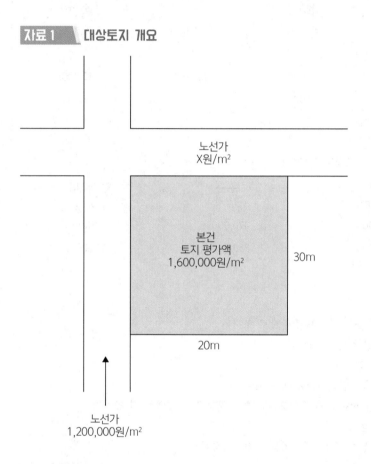

자료 2 노선가 관련 자료

1. 깊이가격체감률

깊이	6m 미만	6m 이상 ~ 16m 미만	16m 이상 ~ 20m 미만	20m 이상 ~ 30m 미만	30m 이상 ~ 40m 미만
지수	0.85	1.00	0.98	0.96	0.94

2. 접면너비협소보정률

너비	2m 미만	2m 이상 ~ 4m 미만	4m 이상
지수	0.80	0.90	1.00

3. 각도보정률

최소각	10° 미만	10° 이상 ~ 15° 미만	15° 이상 ~ 20° 미만	20° 이상 ~ 30° 미만	30° 이상 ~ 45° 미만	45° 이상 ~ 70° 미만
저각	0.8	0.85	0.89	0.92	0.95	0.97
대각	0.75	0.81	0.86	0.90	0.93	0.95

4. 면적보정률

면적(m²) / 최소각	100 미만	100 ~ 130 미만	130 ~ 170 미만	170 ~ 300 미만	300 ~ 1,000 미만	1,000 ~ 3,000 미만	3,000 이상
30° 미만	0.75	0.75	0.80	0.85	0.90	0.95	0.98
30° 이상	0.80	0.85	0.85	0.90	0.95	0.98	0.98

5. 각지 가산률은 20%를 적용할 것

감정평가사 이씨는 ○○법원으로부터 업무용 빌딩 신축에 따른 일조권 침해 손해배상액 산정을 의뢰받았다. 다음 자료를 활용하여 대상부동산의 일조권 침해율을 회귀분석법을 적용하여 산정하시오. (20점)

자료 1 일조권 침해 기준

동지일 기준으로 9시부터 15시 사이 연속 2시간 이상 확보 또는 8시에서 16시 사이에 최소 4시간을 확보하는 경우에는 일조권 침해가 없다고 봄

자료 2 침해율 산정 관련 거래사례(동일 면적 아파트 사례)

기호	총 일조시간	시장가치(원)
1	4시간 30분	240,000,000
2	1시간	212,500,000
3	2시간 20분	221,000,000
4	6시간 10분	240,500,000
5	3시간 40분	227,900,000
6	2시간 50분	218,800,000
7	30분	210,000,000
8	1시간 20분	214,500,000
9	4시간	238,000,000
10	5시간 5분	241,000,000

※ 상기 사례는 일조권 등의 침해를 제외한 개별요인은 보정된 상태임

자료 3 대상 일조시간 분석

대상부동산의 일조시간을 실측한 결과 연속일조시간은 1시간 45분, 총 일조시간은 2시간 50분을 충족하는 것으로 조사됨

문제 35 구분건물 기타감정평가방식(대쌍비교법)

감정평가사 이씨는 아래와 같은 부동산에 대한 일반거래 시가참조용 목적의 감정평가를 의뢰받았다. 대상부동산의 시장가치를 대쌍비교법을 적용하여 산정하시오. (20점)

자료 1 대상물건 개요

소재지	서울특별시 광진구 C동 1번지			
건물명, 층, 호수	A아파트 제103동 제12층 제1202호			
용도	아파트	사용승인일		2020.10.10.
면적	전유면적(㎡)	공용면적(㎡)	분양면적(㎡)	대지권면적(㎡)
	84.42	25.58	110.00	28.0

자료 2 본건 실지조사 내용

1. 본건 아파트는 기본적인 위생 및 급·배수설비, 난방설비, 승강기설비, 소화전설비 등이 되어 있음
2. 본건 103동 12층 1202호는 계단식 구조로 방 3개, 주방, 거실, 화장실 2개, 발코니로 구성되어 있음
3. 본건은 발코니 확장이 되어 있으며(확장면적 10㎡), 전반적인 관리상태는 '하'에 해당함
4. 본건이 소재한 아파트 단지는 발코니 확장 여부, 관리상태, 아파트 층·향에 따라 가격 차이가 있는 것으로 조사되었으나, 최근 1년 이내 거래사례의 가격 격차는 없는 것으로 조사됨

자료 3 최근 1년 이내 인근 아파트 거래사례(서울특별시 광진구 P동 2번지)

기호	동	층	호수	전유 면적(㎡)	거래금액(원)	관리상태
1	10동	20	2001	84	667,000,000	하
2	10동	18	1805	84	687,000,000	하
3	10동	15	1505	84	650,000,000	중
4	15동	9	903	84	632,000,000	상
5	15동	8	801	84	635,000,000	중

※ 본건 시장가치 산정 시 거래사례는 기호 3을 적용할 것

자료 4 기타자료

1. 거래사례 중 기호 5는 발코니가 확장된 것으로 조사되었으며, 확장면적은 10㎡임
2. 거래사례는 모두 계단식 구조로 구분건물 외부요인, 내부요인은 모두 동일한 것으로 전제함
3. 아파트 관리상태에 따른 격차는 아래와 같음

하	중	상
100	102	104

4. 층에 따른 격차 정도는 아래와 같음

1 ~ 3층	4 ~ 10층	11 ~ 20층
100	105	110

5. 본건 A아파트 및 거래사례 1호 ~ 3호는 남동향이며, 4호 ~ 6호는 남향임
6. 본건 시장가치는 백만원 단위까지 산정하며, 격차율은 소수점 이하 셋째 자리까지 산정하여 적용함

문제 36 토지 물건별 감정평가방식(공법상 제한을 받는 토지)

다음과 같은 자료를 활용하여 기호 1, 2 토지의 일반거래 목적의 감정평가액을 산정하시오. (20점)

자료 1 대상부동산 내역(서울특별시)

기호	소재지	면적(m²)	용도지역	이용상황	형상 지세	비고
1	D구 C동 2	400	2종일주	상업용	가장형 평지	도로 저촉 20%
2	H구 E동 4	400	2종일주	상업용	가장형 평지	–

자료 2 현황 도면

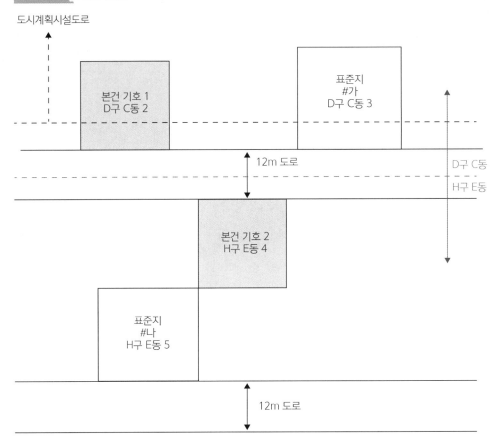

비교표준지공시지가(2025.1.1. 기준)

연번	소재지	면적(m²)	용도지역	이용상황	형상 지세	공시지가(원/m²)	비고
가	D구 C동 3	450	2종일주	상업용	가장형 평지	2,560,000	도로저촉 15%
나	H구 E동 5	400	2종일주	상업용	가장형 평지	2,270,000	–

자료 4 **기타사항**

1. 본건이 소재한 지역은 접면노선에 따라 상권 차이 및 가격수준 차이를 보이고 있음
2. 지가변동률(서울특별시)
   (1) D구(%)

기간	주거지역	상업지역	대
2025.1.1.~2025.5.31.	2.305	1.666	1.594
2025.5.1.~2025.5.31.	0.484	0.871	0.792

   (2) H구(%)

기간	주거지역	상업지역	대
2025.1.1.~2025.5.31.	3.448	1.837	1.599
2025.5.1.~2025.5.31.	0.546	0.992	0.842

3. 행정적 조건

일반	도로
1.00	0.85

4. 행정적 조건을 제외한 개별요인은 대등함
5. 표준지공시지가 현실화율은 80%임
6. 기준시점은 2025.7.25.임

문제 37 토지 물건별 감정평가방식(둘 이상 용도지역에 걸친 토지)

다음과 같은 자료를 활용하여 대상토지에 대한 경매목적의 감정평가액을 산정하시오. 단, 기준시점은 2025년 6월 30일임 (20점)

자료 1 ▸ 대상토지 현황(S시)

기호	소재지	지목	면적 (m²)	용도지역	이용상황	도로교통	형상 지세
1	C구 B동 1	대	600	일반상업 3종일주	상업용	광대한면	세장형 평지
2	C구 B동 3	대	200	일반상업 3종일주	상업용	광대한면	가장형 평지

※ 기호 1은 200m²가 일반상업지역, 400m²가 제3종일반주거지역에 걸쳐 있음
※ 기호 2는 195m²가 일반상업지역, 5m²가 제3종일반주거지역에 걸쳐 있음

자료 2 ▸ 현황 도면

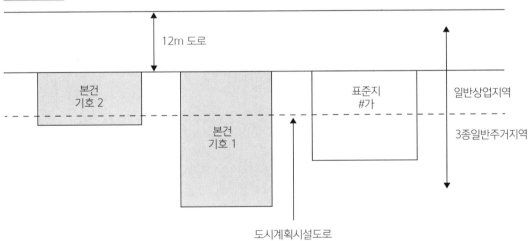

12m 도로

본건 기호 2

본건 기호 1

표준지 #가

일반상업지역

3종일반주거지역

도시계획시설도로

기호	소재지	지목	면적 (m²)	용도지역	이용상황	도로교통	형상 지세	공시지가 (원/m²)
가	C구 B동 5	대	400	일반상업 3종일주	상업용	광대한면	가장형 평지	8,000,000

※ 표준지 기호 가는 200m²가 일반상업지역, 200m²가 제3종일반주거지역에 걸쳐 있으며, 일반상업지역의 공시지가 단가는 10,000,000원/㎡임

자료 4   가치형성요인 비교치

1. 지가변동률(S시 C구 2024.1.1.~2024.6.30.)
   (1) 주거지역: 1.448%
   (2) 상업지역: 1.624%
2. 개별요인 평점표(형상)

정방형	가장형	세장형	부정형
100	102	98	95

3. 용도지역별 평점표

일반상업	3종일주	1종일주
1.42	1.00	0.90

4. 그 밖의 요인
   (1) 주거지역: 20% 상향 보정
   (2) 상업지역: 현실화율 75%
5. S시 C구 B동 도시계획조례상 용도지역이 전체 면적 대비 5% 미만 토지인 경우에는 주된 용도지역을 기준하여 공법상 제한을 적용하는 것으로 조사됨

문제 38 토지 물건별 감정평가방식(골프장)

H감정평가법인은 다음과 같은 골프장에 대해 일반거래 목적의 감정평가를 의뢰받았다. 주어진 자료를 활용하여 대상골프장의 감정평가액을 산정하시오. (30점)

자료 1   대상골프장 내역

1. 소재지: 경기도 이천시 장호원읍 ○○○ 1번지
2. 명칭: 이천△△CC
3. 규모: 18홀(회원제)
4. 면적: 948,265m²(등록면적)
5. 클럽하우스 현황

구분	구조	면적(m²)	사용승인일	내용연수
회원제 클럽하우스	철근콘크리트조 슬라브지붕	2,682.6	2024.2.1.	50년
기타 건물 (티 하우스)	철골조 경사지붕	551.7	2024.2.1.	

6. 골프장 준공일: 2024.2.1.
7. 골프장 개장일: 2024.4.1.

자료 2   비교표준지공시지가(경기도 이천시, 2025.1.1. 기준)

기호	소재지	지목	면적 (m²)	용도 지역	이용 상황	도로 교통	형상 지세	공시지가 (원/m²)
A	장호원읍 ○○○ 1번지	체	1,433,527 (일단지)	계획 관리	골프장	소로 한면	부정형 완경사	73,700

※ 해당 연도 표준지공시지가 현실화율은 85%임

본건 준공 당시 골프장 조성공사비 내역

1. 골프장 조성비용(준공 당시 일시 지급 전제)
   (1) 소지 매입비: 전체 등록지 300억원(준공 당시 기준)
   (2) 골프장 조성공사비: 홀당 20억원
   (3) 골프장 설계비 및 감리비: 10억원
   (4) 취득세: 10%
   (5) 적정이윤: 10%
2. 클럽하우스 공사비용
   (1) 클럽하우스: 1,500,000원/㎡(조형물 및 미술품 구입액 10억원 별도)
   (2) 티 하우스: 1,000,000원/㎡
3. 기타 비용: 오폐수시설 등 설치비용 전체 30억원(구축물 성격)

자료 4 **유사 회원제 골프장 거래사례**

경기도 이천시 소재한 회원제 골프장인 ◇◇CC(18홀)이 최근 855억원에 거래되었으며, 코스 선호도에 따라 본건 대비 거래사례는 5% 열세한 것으로 판단됨

자료 5 **가치형성요인 비교치**

1. 지가변동률(경기도 이천시, %)

구분	2024. 누계	2025.6. 누계	2025.6.
계획관리	4.581	2.634	0.934

2. 건설공사비 지수

2024.1.	2024.4.	2025.1.	2025.6.	2025.7.
120.9	121.4	122.2	123.8	124.5

자료 6 **골프장 수익자료**

1. 매출액: 연간 147억원
2. 영업이익률: 25%
3. 환원율: 12%

자료 7 **기타사항**

1. 기준시점은 2025.7.15.임
2. 할인율은 6%를 적용할 것

문제 39 토지 물건별 감정평가방식(사실상 사도)

H감정평가법인은 다음과 같은 토지에 대해 일반거래 목적의 감정평가를 의뢰받았다. 주어진 자료를 활용하여 대상토지의 감정평가액을 산정하시오. 기준시점은 2025년 6월 23일이다. (20점)

자료 1 대상부동산 개요

1. 소재지: 서울시 영등포구 신길동 4921-11
2. 관련 공부

(1) 토지대장

고유 번호	–	토지대장			도면 번호	90	발급 번호	–
소재지	서울특별시 영등포구 신길동		지번	4921-11	명칭 및 번호		–	
지목	면적(㎡)	사유						
대	400.0	–						

(2) 토지이용계획확인서

소재지	서울특별시 영등포구 신길동 4921-11	
지역지구 등 지정여부	국토계획법상 지역, 지구 등	도시지역, 제2종일반주거지역
	다른 법령 등에 따른 지역, 지구 등	가축사육제한구역「가축분뇨의 관리 및 이용에 관한 법률」, 교육환경보호구역「교육환경 보호에 관한 법률」, 대공방어협조구역(위탁고도: 해발 165m(지반+건축+옥탑 등),「군사기지 및 군사시설 보호법」, 과밀억제권역「수도권정비계획법」
토지이용규제 기본법 시행령에 해당하는 사항		–

(3) 건축허가서

건축허가서			
건축구분	신축	신고번호	2025-건축과-신축허가
건축주	甲		
대지위치	서울특별시 영등포구 신길동 4921-11		
대지면적	–		
건축물명	해커스의 집	주용도	단독주택
건축면적	182.2㎡	건폐율	–
연면적	384.8㎡	용적률	–
허가권가	Y구청장		

※ 대상 건축허가서 내용대로 착공을 진행한 상태임

자료 2 　대상토지 지적 현황

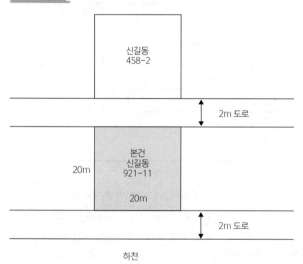

자료 3 　인근지역 비교표준지공시지가(2025.1.1. 기준)

기호	소재지	면적(m²)	용도지역	이용상황	도로교통	형상지세	공시지가(원/m²)	비고
가	영등포구 신길동 448-2	432.8	2종일주	주상용	세로(가)	가장형 평지	3,150,000	–
나	영등포구 신길동 524-2	384.8	2종일주	주거용	세로(가)	가장형 평지	3,020,000	–

자료 4 인근지역 평가사례

기호	소재지	면적 (㎡)	지목	이용 상황	용도 지역	도로 교통	형상 지세	평가 목적	평가가액 (원/㎡)	기준시점
A	영등포구 신길동 113	384.2	대	주상용	2종 일주	세로 (가)	사다리 평지	일반 거래	4,370,000	2025.2.21.
B	영등포구 신길동 1147-2	4114.	대	주거용	2종 일주	세로 (가)	세장형 평지	일반 거래	4,190,000	2025.2.5.
C	영등포구 신길동 2315	389.5	대	상업용	준주거	세로 (가)	가장형 평지	일반 거래	3,100,000	2025.4.30.

자료 5 가치형성요인 자료

1. 지가변동률(%)

구분	2024. 누계	2025.1.	2025.2.	2025.3.	2025.4.	2025.5.
영등포구 주거지역	2.140	0.150	0.110	0.090	0.085	0.080
영등포구 상업지역	2.225	0.320	0.300	0.150	0.380	0.300

2. 개별요인 비교(도로조건 포함)

대상	표준지 가	표준지 나	평가사례 A	평가사례 B	평가사례 C
98	100	99	96	96	101

문제 40 과수원 물건별 감정평가방식

S감정평가법인은 아래와 같은 물건에 대해 일반거래 목적의 감정평가를 의뢰받았다. 주어진 자료를 활용하여 대상 물건의 감정평가액을 산정하시오. (20점)

자료 1 감정평가 대상

1. 토지
   (1) 소재지: 전라남도 나주시 B면 D리 1번지
   (2) 지목 등: 과수원, 9,815.2㎡, 생산관리지역, 세로(가), 부정형, 완경사
2. 과수목
   (1) 배나무 15년생: 200주
   (2) 배나무 3년생: 80주

자료 2 인근지역 비교표준지공시지가(기준: 2025년 1월 1일)

연번	소재지	면적 (㎡)	용도 지역	이용 상황	도로 교통	형상 지세	공시지가(원/㎡)	비고
가	B면 D리 2-8	948.5	생산 관리	전	세로 (가)	부정형 평지	109,700	도로저촉 15%
나	B면 D리 5-18	8,424.0	생산 관리	과수원	세로 (가)	부정형 평지	135,500	–
다	B면 D리 16-2	9,142.7	생산 관리	전	세로 (불)	부정형 평지	98,200	–

※ 표준지 기호 나는 2025년 5월 1일 계획관리지역으로 용도지역이 변경됨
※ 비교표준지의 현실화율은 생산관리지역은 80%, 계획관리지역은 85%임

자료 3 인근지역 최근 거래사례

1. 소재지: 전라남도 나주시 B면 G리 98-1번지
2. 지목 등: 과수원, 10,224.8㎡, 생산관리지역, 세로(가), 부정형, 완경사
3. 거래금액: 1,900,000,000원
4. 기타사항
   지상에 정상 식재되어 있는 배나무 300주를 포함한 사례로 과수목의 수익성과 토지의 접근성 등을 종합적으로 고려하여 사례 대비 본건이 5%로 열세함

자료 4   과수나무 자료

1. 정상 수확기 배나무 수익: 연 100,000원/주
2. 정상 수확기 배나무 투입 비용: 연 20,000원/주
3. 유령수 묘목비: 15,000원/주
4. 유령수 투입 비용: 연 10,000원/주
5. 배나무의 정상 수확기는 8년생부터 30년생까지이며. 확착률은 수익수 및 유령수 모두 95%임

자료 5   개별요인 평점

1. 접면도로

세로(불)	세로(가)	세로각지	소로한면	소로각지	중로한면	중로각지
60	75	80	85	90	95	100

2. 형상

정방형	가장형	세장형	사다리	부정형
100	105	98	95	80

3. 지세

평지	완경사	급경사
1.00	0.95	0.85

자료 6   기타사항

1. 기준시점은 2025년 1월 1일임
2. 시장이자율: 연 12%

감정평가사 李씨는 아래와 같은 부동산 소유자인 甲씨로부터 세무서 제출 목적의 감정평가를 의뢰받았다. 주어진 자료를 활용하여 대상부동산의 감정평가액 원가방식과 비교방식을 적용하여 산정하시오. 단, 의뢰인 요구 기준시점은 2025년 2월 10일임. (40점)

자료 1 대상부동산 개요

기호	소재지	지번	지목 등
1	경기도 S구 K동	3579	대
가	상동	상동	건물

자료 2 대상부동산 공부자료

1. 토지대장

고유 번호	–	토지대장			도면 번호	25	발급 번호	–
소재지	경기도 S구 K동		지번	3579	명칭 및 번호		–	
지목	면적(㎡)	사유						
대	144.8	–						

2. 토지이용계획확인서

소재지		경기도 S구 K동 3579
지역, 지구 등 지정여부	국토계획법상 지역, 지구 등	도시지역, 제2종일반주거지역, 소로3류(국지도로)(접합), 중로3류(12m 이상 15m 미만)(저촉)
	다른 법령 등에 따른 지역, 지구 등	가축사육제한구역「가축분뇨의 관리 및 이용에 관한 법률」, 비행안전제5구역(전술)(비행안전제5구역)「군사기지 및 군사시설 보호법」, 대기환경규제지역「대기환경보전법」, 도시교통정비지역「도시교통정비촉진법」, 과밀억제권역「수도권정비계획법」
토지이용규제 기본법 시행령에 해당하는 사항		[해당 없음]

3. 지적도 등

4. 일반건축물대장

대지위치	경기도 S구 K동	지번	3579
대지면적(㎡)	–	연면적(㎡)	–
건축면적(㎡)	–	용적률 연면적(㎡)	–
건폐율(%)	–	용적률(%)	–
주용도	주택	주구조	연와조
층수	지하 1층/지상 3층	지붕	스라브
위반건축물여부	–	사용승인일	1990.4.3.
건축선 후퇴면적(㎡)	–	건축선 후퇴거리	–

건축물 현황

구분	층별	구조	용도	면적(㎡)
주1	지층	연와조 스라브	대피소 및 보일러실	74.76
주1	1층	연와조 스라브	주택	64.15
주1	2층	연와조 스라브	주택	60.53
주1	3층	연와조 스라브	주택	51.47

※ 본건 건물의 급수는 3급으로 판단됨

인근지역 비교표준지공시지가(기준: 매년 1월 1일)

연번	소재지	면적 (㎡)	용도 지역	이용 상황	도로 교통	형상 지세	공시지가(원/㎡) 2024년	공시지가(원/㎡) 2025년	비고
가	S구 K동 1233	148.5	2종 일주	상업용	세로 (가)	가장형 평지	2,560,000	2,640,000	도로저촉 15%
나	S구 K동 1851-4	204.8	2종 일주	상업용	소로 한면	부정형 평지	3,170,000	3,260,000	–
다	S구 K동 2987-1	224.5	2종 일주	주거용	세로 (가)	세장형 평지	2,220,000	2,290,000	–
라	S구 K동 3391-1	151.8	2종 일주	주거용	소로 한면	부정형 평지	2,790,000	2,880,000	–
마	S구 K동 3592-4	154.2	2종 일주	주거용	세로 (가)	가장형 평지	2,310,000	2,380,000	–
바	S구 K동 4071	132.8	2종 일주	주거용	소로 한면	부정형 평지	2,630,000	2,710,000	도로저촉 10%

※ 본건 소재한 S구 K동 일대는 택지지대로 전체 평지임
※ 매년 표준지공시지가 발표일은 2월 15일임

자료 4 **인근지역 평가사례**

기호	소재지	면적 (㎡)	지목	이용 상황	용도 지역	도로 교통	형상 지세	평가 목적	평가가액 (원/㎡)	기준시점
1	S구 K동 2113	184.2	대	주거용	2종 일주	세로 (가)	사다리 평지	일반 거래	3,370,000	2025.2.1.
2	S구 K동 2717-2	114.3	대	주거용	2종 일주	세로 (가)	세장형 평지	일반 거래	3,990,000	2025.4.9.
3	S구 K동 3315	189.5	대	상업용	2종 일주	세로 (가)	가장형 평지	일반 거래	3,400,000	2025.1.5.

자료 5 **거래사례**

1. 거래사례 A
   (1) 소재지: S구 K동 1845-2
   (2) 총 거래가격: 610,000,000원
   (3) 거래시점: 2025.1.13.
   (4) 토지: 2종일주, 상업용, 151.0㎡, 소로한면, 세장형, 평지
   (5) 건물

구조	급수	연면적(㎡)	사용승인일	비고
벽돌조 스라브지붕	4	267.4㎡	1991.2.20.	거래시점 재조달원가: 800,000원/㎡

※ 지하층과 지상층 재조달원가는 동일함(이하 동일)

2. 거래사례 B
   (1) 소재지: S구 K동 2844
   (2) 총 거래가격: 487,000,000원
   (3) 거래시점: 2024.11.23.
   (4) 토지: 2종일주, 주거용, 162.0㎡, 세로(가), 사다리형, 평지
   (5) 건물

구조	급수	연면적(㎡)	사용승인일	비고
연와조 기와 지붕	3	300㎡	1971.1.25.	매도인 철거 조건으로 거래됨

   (6) 기타사항: 매수자는 구입자금의 50%를 K은행으로부터 차입. 이자율 10%, 대출기간 20년, 매년 원리금 균등상환 조건임. 본건 토지는 사례 대비 2% 우세하며, 사례는 도시계획시설도로에 15% 저촉된 상태임

3. 거래사례 C
   (1) 소재지: S구 K동 2957-4
   (2) 총 거래가격: 670,000,000원
   (3) 거래시점: 2024.8.27.
   (4) 토지: 2종일주, 주거용, 154.8㎡, 소로한면, 정방형, 평지
   (5) 건물

구조	급수	연면적(㎡)	사용승인일	비고
연와조 스라브	3	249.4㎡	1991.2.4.	–

   (6) 기타사항: 대상 건물과의 유사성이 인정되는 정상적인 거래사례임. 거래사례의 건물가격구성비는 6%임. 사례 대비 본건 건물은 기능적 측면에서 전반적으로 5% 열세하며, 기타 건물요인은 대등함

4. 거래사례 D
   (1) 소재지: S구 K동 3417-4
   (2) 총 거래가격: 595,000,000원
   (3) 거래시점: 2025.3.14.
   (4) 토지: 2종일주, 주거용, 148.5㎡, 세로(가), 부정형, 평지

5. 거래사례 E
   (1) 9소재지: S구 K동 2957-4
   (2) 총 거래가격: 535,000,000원
   (3) 거래시점: 2025.1.16.
   (4) 토지: 2종일주, 주거용, 161.7㎡, 세로(가), 정방형, 평지
   (5) 건물

구조	급수	연면적(㎡)	사용승인일	비고
연와조 스라브	3	249.4㎡	1991.2.4.	거래시점 재조달원가: 860,000원/㎡

   (6) 기타사항: 사례 대비 본건 토지·건물은 복합부동산 일체적 요인(공법상 제한 포함)에서 4% 우세함

6. 거래사례 F
    (1) 소재지: S구 K동 3557-7
    (2) 총 거래가격: 467,000,000원
    (3) 거래시점: 2025.4.24.
    (4) 토지: 2종일주, 주거용, 146.4㎡, 세로(가), 부정형, 평지
    (5) 기타사항: 사례 대비 본건 토지와 가치형성요인의 유사성이 높은 사례임

자료 6 인근 토지 조성 관련 자료

1. 조성 전 토지
    (1) 소재지: S구 K동 4053-7
    (2) 구입시점: 2023.9.21.
    (3) 토지 구입액: 1,950,000원/㎡
    (4) 면적: 170.5㎡
2. 조성비용
    (1) 도로 기부채납부분 조성비용: 5,000,000원
    (2) 토지 조성비용: 100,000,000원
    (3) 설계 및 감리 비용, 기타 일체의 부대비용: 조성공사비의 15%
3. 지급조건: 조성 전 토지 매입비는 구입일에 전액 지불함. 조성비용은 착공 당시, 착공 6개월 후, 완공 당시 균등 지급함. 매입일부터 완공일까지의 시점수정은 이자율을 적용함
4. 조성 내용: 조성 사례는 거래일에 즉시 착공에 들어가며, 조성공사는 1년이 소요됨. 도로 기부채납면적은 10㎡임
5. 기타사항: 조성사례는 적정한 사례로 본건 인근지역에 소재하며, 개별요인은 사례 대비 본건 토지가 도로조건 포함(도시계획시설도로 미포함)하여 전반적으로 4% 우세함

자료 7 재조달원가(기준시점 당시)

용도	구조	급수	단가(원/㎡)	내용연수
주거용	연와조 스라브 지붕	3급	850,000	40(35~45)
상업용	연와조 스라브 지붕	3급	750,000	40(35~45)

자료 8 시점수정 자료

1. 지가변동률(경기도, %)

연도	구분	S구	
		주거	상업
2023	12월 누계	4.377	4.160
2024	12월 누계	4.595	4.650
2025	1월	0.488	0.547
	2월	0.317	0.372
	3월	0.442	0.453
	4월	0.391	0.303
	5월	0.384	0.399

2. 건축공사비 지수: 보합세
3. 자본수익률: 분기별(1분기 기준) 2%를 적용할 것

자료 9 개별요인 자료

1. 형상: 본건 소재 S구 K동 일대는 형상에 대한 격차율은 없는 것으로 판단됨.
2. 도시계획시설

일반	도로
1.00	0.80

자료 10 기타사항

1. 감정평가의뢰일: 2025.5.3.
2. 감정평가현장조사일: 2025.5.6.
3. 가격조사완료일: 2025.5.7.
4. 시장이자율: 12%
5. 요구수익률: 15%
6. 본건이 소재하는 S구 K동은 복합부동산 거래 시 토지면적을 기준하여 거래되는 관행이 있음
7. 본건 토지 중 도시계획시설도로에 저촉된 부분은 전체 면적 대비 20%임

(주)H감정평가법인은 아래와 같은 상간건물 중 지상 5층 1호의 일반거래목적의 감정평가를 의뢰받았다. 주어진 자료를 활용하여 대상부동산의 시장가치를 산정하시오. 기준시점은 2025년 7월 1일임. (40점)

자료 1 대상물건

1. 토지: 경기도 수원시 ○○구 ◇◇동 1번지, 대, 1,260㎡, 중로각지, 가장형, 평지
2. 건물: 철근콘크리트 슬라브지붕 지상 7층 지하 1층(지하층 포함 연면적: 8,000㎡), 사용승인일 2000.5.25.

구분	호별 전유면적(㎡)		
	1호	2호	3호
지상 1층 ~ 지상 7층 동일	300	270	370

※ 지하층은 전체 주차장 및 기계실로 이용 중임
※ 분양면적과 임대면적은 동일함

3. 인근지역 개황: 일반상업지역 내 소재하며, 주위는 노선을 따라 형성된 상가 지대임

자료 2 대상 5층 1호 수익 자료(기준시점 기준)

1. 월세: 12,000원/㎡(전유면적 기준)
2. 보증금: 월세의 12개월분
3. 기타수입: 연 1,000,000원
4. 전형적인 공실률: 5%
5. 운영경비비율: 유효총수익의 15%

자료 3 표준지공시지가 자료(공시기준일: 2025.1.1.)

기호	소재지	면적(㎡)	지목	이용상황	용도지역	주위환경	공시지가(원/㎡)
1	◇◇동 21-8	700	대	업무용	일반상업	노선상가지대	2,880,000
2	◇◇동 26-43	850	대	상업용	일반상업	노선상가지대	2,950,000
3	◇◇동 42-7	780	대	상업용	일반상업	시장주변상가지대	2,450,000

※ 해당연도 표준지공시지가의 현실화율은 80%임

자료 4 거래사례

1. 거래사례 1
   (1) 소재지: ◇◇동 1번지(본건 소재지) 3층 2호
   (2) 거래가격: 330,000,000원
   (3) 거래일자: 2025.4.1.
   (4) 기타사항: 위치에 따른 효용차이 외 가치형성요인은 대등함
2. 거래사례 2
   (1) 소재지: ◇◇동 4-2번지 1층 3호(전유면적 280㎡)
   (2) 거래가격: 500,000,000원
   (3) 거래일자: 2025.5.1.
   (4) 기타사항: 위치에 따른 효용차이 외 가치형성요인은 대상이 사례 대비 5% 우세함

자료 5 층별·호별 효용비 산정 자료

층	전유면적(㎡)			월 임대료(원/㎡)			각 층 월 임대료 합
	1호	2호	3호	1호	2호	3호	
1	300	270	370	12,000	10,000	15,000	11,850,000
2	300	270	370	10,000	9,500	12,000	10,005,000
3	300	270	370	7,800	7,500	9,500	7,880,000
4	300	270	370	7,800	7,500	9,500	7,880,000
5	300	270	370	7,800	7,500	9,500	7,880,000
6	300	270	370	7,800	7,500	9,500	7,880,000
7	300	270	370	7,800	7,500	9,500	7,880,000
지하1층	주차장으로 이용 중임						-
계							61,250,000

자료 6 재조달원가 자료

1. 기준시점 당시 대상 건물과 동일한 구조의 표준적 건축비는 부대설비 포함 1,200,000원/㎡임
2. 철근콘크리트조의 경제적 내용연수는 50년, 잔가율은 0%임

자료 7 지역요인 및 개별요인 비교

1. 토지 개별요인

구분	대상	표준지 1	표준지 2	표준지 3
평점	100	105	98	101

2. 건물 개별요인

구분	대상	임대사례	표준적 건축비
평점	100	110	98

※ 상기 개별요인에는 잔가율이 포함되어 있지 않음

자료 8 지가변동률 등

1. 지가변동률(○○구, 단위: %)

구분	상업지역	대
2025년 1분기	2.00	1.60
2025년 2분기	3.00	2.15

2. 자본수익률(집합상가): 연 6.5%
3. 임대료 상승률: 보합세

자료 9 환원율 관련 자료

1. 방법 1: 국고채 이자율은 3%이며, 대상 부동산의 위험률은 아래와 같음

구분	위험성	비유동성	관리의 난이성	자금의 안정성
가산율(%)	3	2	2	2

2. 방법 2: 기준시점 당시 평균적인 대부비율 60%, 이자율 9%, 10년간 매년 원리금 균등상환의 조건임 (DCR=1.08)
3. 환원율 결정: 각 방법에 의해 산정된 환원율을 평균하여 결정하되, 백분율 기준 소수점 둘째 자리까지 산정함

자료 10 기타참고자료

1. 보증금운용이율: 2%
2. 본건 소재 지역의 구분건물 공용면적은 전유면적 비율에 따라 배분되며, 전용률은 80%를 기준함
3. 본건 소재 지역의 임대료는 전유면적을 기준하여 결정하는 관행이 있음

문제 43 기계기구 물건별 감정평가방식

(주)바람이 소유하고 있는 아래와 같은 기계의 담보목적 감정평가액을 산정하시오. 기준시점은 2025년 7월 1일임. (20점)

자료 1 ㅣ 대상기계 내역

구분		기호 1	기호 2
취득가액(원/대)		150,000,000	100,000,000
취득일(신고일)		2020.1.1.	2023.8.1.
잔존가치율(%)		15	10
내용 연수	물리적	20	25
	경제적	15	15
비고		범용	범용

※ 대상기계의 감가수정은 정률법을 적용함

자료 2 ㅣ 대상기계 공정 내역

1. 개요: 대상기계는 기호 1, 2 순으로 배치되어 최종 제품 제작이 진행됨
2. 기계별 제작 가능한 제품 수(1일, 대당)

구분	기호 1	기호 2
제품	3,000개	5,000개

3. 대상기업 기계 보유 수

구분	기호 1	기호 2
기계 보유 수	5대	6대

자료 3 ㅣ 기타사항

1. 과잉유휴기계의 경우 매각이 가능하며, 기준시점 당시 중고시세는 대당 잔존가치의 60% 수준이며, 매각비용은 잔존가치의 5%임
2. 본건 기계의 설치비는 대당 1백만원임
3. 본건 기계의 대당 가액은 십만원 단위까지 산정하되, 기계지수는 보합세임

감정평가사 이씨는 (주)K공장으로부터 아래와 같은 기계에 대한 담보목적평가를 의뢰받았다. 주어진 자료를 활용하여 대상 일반기계에 대하여 감정평가액을 결정하시오. (20점)

자료 1 평가의뢰 목록 등

1. 평가대상: LATHE 1대(일반기계)
2. 기준시점: 2025.7.1.
3. 평가목적: 담보평가

자료 2 외화 환산율

적용시점	국명	해당 통화당 미 $	미 $당 해당 통화	해당 통화당 한국 ₩
2020.7.	미국	1	1	1,102
	일본	0.9415(100엔당)	107.4081	1,001.54(100엔당)
2020.8.	미국	1	1	1,105
	일본	0.9422(100엔당)	104.721	1,002.14(100엔당)
2025.7.	미국	1	1	1,215
	일본	0.8420(100엔당)	125.73	1,020,79(100엔당)

자료 3 기계가격보정지수

구분	국명 \ 연도	2020년	2025년
일반기계	미국	1.0000	1.0606
	일본	1.0000	1.0347
전기기계	미국	1.0000	1.0228
	일본	1.0000	1.0149

자료 4 관세 등

1. 현행 관세 5%, 현행 감면율 40%, 농어촌특별세 20%
2. 설치비: 도입가격의 1.5%
3. L/C 개설비 등 기타 부대비용: 도입가격의 3%
4. 현행 운임 및 보험료: 1,250,000원
5. 기계내용연수 15년, 최종잔가율 10% 적용

(USD)1,177.5200

수 입 신 고 서 (보관용)

(갑지)

①신고번호 11797-06-3000149	②신고일 2020/08/01	③세관.과 020-11	⑥입항일 2020/07/26	※ 처리기간 : 3일

④B/L(AWB)번호 EURFLH06803INC	⑤화물관리번호 06KMTCHN094-0021-008	⑦반입일 2020/07/28	⑧징수형태 11

⑨신 고 자 D관세사무소 ⑩수 입 자 (주) ABC { A]. ⑪납세의무자 (DPDLQLtL-1-01-1-01-1 / 220-04-75312) (주소) 서울 양천구 목동 (상호) (주)K공장 (성명) 이성준 ⑫무역대리점 ⑬공 급 자 AGEHRA VELVET (CO LTD) JPAGE0002A(JP)	⑭통관계획 D 보세구역장치후	⑱원산지증명서 유무 X	⑳총중량 5,487.0kg
	⑮신고구분 A 일반P/L신고	⑲가격신고서 유무 Y	㉑총포장갯수 1 GT
	⑯거래구분 11 일반형태수입	㉒국내도착항 INC 인천항	㉓운송형태 10-FC
	⑰종류 K 일반수입(내수용)	㉔적출국 JP(JAPAN)	
		㉕선기명 LONG HE(CN)	
	㉖MASTER B/L 번호		㉗운수기관부호

㉘검사(반입)장소 02011123-060039603A (대한통운국제물류)

● 품명 · 규격 (란번호/총란수 : 1/1)

㉙품 명 LATHE FOR REMOVING METAL ㉚거래품명 LATHE	㉛상 표 NO

㉜모델 · 규격	㉝성분	㉞수량	㉟단가	㊱금액
LATHE (NUMERICALLY CONTTROLLED)		1U	100,000	100.000

㊲세번 부호	8458.11-0000	㊴순 중 량	5,000.0kg	㊷C/S 검사		㊹사후확인기관
㊳과세가격(CIF)	$100,000	㊵수 량	1U	㊸검사변경		
	₩117,752,250	㊶환급물량	1,000GT	㊺원산지표시	JP-Y-Z-N	㊻특수세액

㊼수입요건확인 (발급서류명)

㊽세종	㊾세율(구분)	㊿감면율	51세액	52감면분납부호	감면액	* 내국세종부호
관	8.00(A 기가)	50.000	4,710,080	A09500010401	4,710,080	
농	20.00(A)		942,016			
부	10.00(A)		12,340,409			

53결제금액(인도조건-통화종류-금액-결제방법) CIF-USD	100,000-LS	55환 율	1,177.5200

54총과세가격	$100,000	56운임	942,016	58가산금액		63납부번호	--------------
	₩117,752,250	57보험료	17,662	59공제금액		64부가가치세과표	123,404,096

60세 종	61세 액	※관세사기재란	65세관기재란
관 세	4,710,080		
특 소 세			
교 통 세			
주 세			
교 육 세			
농 특 세	942,010		
부 가 세	12,340,400		
신고지연가산세			
62총세액합계	17,992,490	66담당자 67접수일시	68수리일자

업태 : 　종목: 　세관·과 : 020-11 　신고번호 : 11797-06-3000149 　page 1 / 1

H감정평가법인 소속평가사인 이씨는 서울중앙지방법원으로부터 다음과 같은 부동산에 대한 소송평가를 의뢰받았다. 아래 자료를 활용하여 대상부동산의 임대료를 산정하시오. (20점)

자료 1   평가의뢰 대상

1. 토지
   (1) 소재지: C시 H구 P동 50번지
   (2) 지목 등: 대, 500㎡, 소로한면, 가장형, 평지
   (3) 용도지역: 일반상업지역
2. 건물
   (1) 용도: 지하층 주차장, 지상층 주상용
   (2) 구조: 철근콘크리트조 슬래브지붕, 지하 1층~지상 3층(지하층 200㎡, 지상 각 300㎡)
   (3) 사용승인일: 2010.5.31.
3. 임대개시시점: 2025.8.31.

자료 2   인근 표준지공시지가(공시기준일: 2025.1.1. 단위: 원/㎡)

기호	소재지	면적 (㎡)	지목	이용 상황	용도 지역	도로 교통	형상 지세	공시지가
1	H구 P동 45-1	550	대	주상용	준주거	소로 한면	정방형 평지	4,540,000
2	H구 P동 47-3	600	대	주상용	일반 상업	소로 한면	가장형 평지	5,480,000
3	H구 P동 50-3	450	대	단독 주택	2종 일주	세로 (가)	세장형 평지	3,750,000
4	H구 P동 57	485	대	상업용	일반 상업	중로 한면	부정형 평지	5,070,000

자료 3 시점수정 자료

1. 지가변동률(C시 H구, %)

구분	주거지역	상업지역
2025.1.1.~2025.7.31. 누계	4.265	1.021
2025.7.1.~2025.7.31.	1.101	0.342

2. 건설공사비 지수

2010.5.	2020.5.	2021.5.	2022.5.	2023.5.	2024.5.	2025.5.
100	112	114	115	117	118	120

자료 4 건물 자료

본건 건물 사용승인 당시 건축비는 평당 2,900,000원(내용연수 50년)으로 조사되었으며, 이는 적정한 것으로 판단됨. 인근지역의 표준적 이용상황은 12m 이상 접면토지의 경우 상업용, 그 이하인 경우에는 주상용으로 조사됨

자료 5 임대사례

1. 소재지: C시 H구 P동 350번지, 대, 470㎡, 소로한면, 부정형, 평지
2. 건물: 주상용, 철근콘크리트조 슬래브지붕, 지하 1층~지상 3층(지하층 200㎡, 지상층 각 250㎡)
3. 임대내역: 건물 전체 S은행이 임차한 사례로 월지불임료 2천만원, 보증금 2억원이며, 이는 통상적인 임대료 수준임
4. 임대시점: 2025.3.1.
5. 기타사항: 임대사례 대비 본건이 토지·건물 전체적으로 10% 우세함(면적요소 미포함). 보증금 운용이율은 3%이며 최근 임대료 지수는 보합세를 유지함

자료 6 기타사항

1. 감가상각비를 제외한 필요제경비는 순임료의 20%임
2. 대상에 적용할 기대이율은 상각 전 9%, 상각 후 7%로 조사됨
3. C시 H구 상업용 건물은 통상 임대면적을 연면적 기준함
4. 토지 개별요인

대상	표준지 1	표준지 2	표준지 3	표준지 A
100	103	102	92	91

H감정평가법인은 아래와 같은 부동산에 대한 임대료 평가를 의뢰받았다. 주어진 자료를 활용하여 대상부동산에 대한 적정 임대료를 평가하시오. (30점)

대상부동산 내역

1. 토지

기호	소재지	면적 (㎡)	지목	이용 상황	용도 지역	도로 교통	형상 지세	주위환경
1	양천구 신정동 100	500	대	업무용	준주거	소로 한면	사다리 평지	업무지대

2. 건물

(1) 건물 개황

기호	소재지	구조	구조	주용도	급수	비고
가	신정동 100	철근콘크리트조 슬래브지붕	지하 1층/ 지상 7층	업무시설	3급	사용승인: 2009.12.5.

(2) 건물 세부 내역(각 층 면적과 임대면적은 동일함)

층	용도	임대면적(㎡)	전유부분(㎡)	공용부분(㎡)	비고
지하 1층	주차장	450	–	–	–
1층	근린생활시설	250	175	75	–
2층	근린생활시설	250	175	75	–
3층	업무시설	300	210	90	–
4층	업무시설	300	210	90	평가대상
5층	업무시설	350	245	105	–
6층	업무시설	350	245	105	–
7층	업무시설	200	140	60	–

3. 기준시점: 2025.6.24.

자료 2   임대사례

1. 토지: 신정동 152,450㎡, 대, 준주거, 소로각지, 정방형, 평지
2. 건물: 철근콘크리트조 슬래브지붕, 지하 2층~지상 6층, 업무용 건물 중 3층, 임대면적 250㎡, 전유부분 175㎡임
3. 임대내역
   (1) 임대기간: 2025.2.1.~2027.1.31.
   (2) 임대내역: 월지불임료는 3,560,000원, 보증금은 월지불임료의 10개월치이며, 이는 통상적인 수준으로 조사됨

자료 3   인근 표준지공시지가(공시기준일: 2025.1.1. 단위: 원/㎡)

기호	소재지	면적 (㎡)	지목	이용 상황	용도 지역	도로 교통	형상 지세	공시지가
1	신정동 100-2	500	대	주상용	준주거	소로 한면	정방형 평지	5,240,000
2	신정동 110-5	600	대	상업용	준주거	중로 한면	가장형 평지	7,480,000
3	신정동 112-3	450	대	업무용	준주거	소로 한면	가장형 평지	6,200,000

자료 4   표준적 건축비(2025.1. 기준)

용도	구조	급수	표준단가(원/㎡)	내용연수
업무시설	철근콘크리트조	2	1,300,000	50
업무시설	철근콘크리트조	3	1,200,000	50
업무시설	철근콘크리트조	4	1,100,000	50

※ 감가수정은 정액법을 적용함

자료 5   지가변동률 등

1. 지가변동률(양천구, %)

구분	주거지역	상업지역
2025.1.1.~2025.5.31. 누계	1.265	2.021
2025.5.1.~2025.5.31.	0.345	0.542

2. 건설공사비 지수

2024.12.	2025.1.	2025.2.	2025.3.	2025.4.
100	100	101	102	102

3. 임대가격 지수

2025.1.	2025.4.
100	102

층별	1층	2층	3층	4층	5~7층
분양가격(원/㎡)	18,000,000	9,000,000	8,100,000	7,200,000	6,300,000

자료 7   개별요인 비교(층별효용 제외)

구분	대상	표준지 1	표준지 2	표준지 3	임대사례	표준적 건축비
토지요인	100	98	100	102	100	–
건물요인	100	–	–	–	98	103

자료 8   기타사항

1. 인근지역의 토지·건물가격(순수익) 구성비는 6:4임
2. 인근지역의 전형적인 기대이율은 4%이며, 대상부동산에 적용될 이율은 임대차 내역 등 개별성을 고려하여 1.5%를 가산하여 결정함
3. 필요제경비는 감가상각비를 제외하고 연간 순임료의 15%임
4. 보증금운용이율은 3%임

H감정평가법인은 (주)수석공장으로부터 아래와 같은 공장에 대해 매각 목적의 감정평가를 의뢰받았다. 주어진 자료를 활용하여 다음 물음에 답하시오. (30점)

물음 1) 물건별평가액을 기준한 감정평가액을 산정하시오. (10점)

물음 2) 공장의 수익을 기준한 감정평가액을 산정하시오. (15점)

물음 3) 대상 공장의 감정평가액을 결정하시오. (5점)

자료 1 대상 공장 자산 내역

1. 토지
   (1) 소재지: D도 P구 D동 100번지
   (2) 지목, 면적: 공장, 1,700㎡
   (3) 용도지역: 일반공업지역

2. 건물
   (1) 1동: 철골조 대골슬레이트 지붕, 공장, 지상 1층
   (2) 2동: 철근콘크리트조 평지붕, 사무실, 지상 2층(1층: 사무실 2층: 기숙사, 식당)

3. 기계: 성형기(12대), 조형기계(10대), 검사기계(6대)

4. 기준시점: 2025.6.24.

자료 2 현장조사 사항

1. 토지: 현황 공장 건부지로 이용중, 중로한면, 가장형, 평지

2. 건물
   (1) 1동: 바닥면적 800㎡, 사용승인일 2012.10.1.
   (2) 2동: 1, 2층 바닥면적 각 200㎡, 사용승인일은 1층 2012.10.1, 2층 2014.12.15.

3. 기계: 성형 → 조형 → 검사 순 생산공정임

명칭	제작사(제작년도)	성능
성형기	B사 국산(2021.9.1.)	2,000개/분
조형기	C사 국산(2021.7.1.)	3,000개/분
검사기	D사 국산(2021.10.1.)	4,000개/분

※ 과잉유휴시설은 타 용도로 전용이 가능하며 처분가액은 기계가액에 25% 수준으로 조사됨

기호	소재지	면적 (㎡)	지목	이용 상황	용도 지역	도로 교통	형상 지세	공시지가
1	P구 D동 45	1,300	장	공업용	준공업	중로 한면	기장형 평지	2,300,000
2	P구 D동 75	1,500	장	공업용	일반 공업	중로 한면	정방형 평지	1,950,000
3	P구 H동 42	2,000	전	전	일반 공업	세로 (가)	부정형 평지	850,000
4	P구 H동 50	1,750	장	공업 나지	일반 공업	중로 각지	가장형 평지	1,650,000

※일련번호 2는 도시계획시설도로에 15% 저촉되었으며, 토지가격비준표상 감가율은 20%임

자료 4　거래사례

1. 거래사례 A
   (1) 소재지: P구 D동 135번지
   (2) 지목, 면적: 장, 1,500㎡
   (3) 용도지역: 준공업지역
   (4) 개별요인: 중로한면, 정방형, 평지
   (5) 거래가격: 1,400,000,000원
   (6) 거래시점: 2025.3.18.
2. 거래사례 B
   (1) 소재지: P구 D동 170
   (2) 지목, 면적: 잡, 1,400㎡
   (3) 용도지역: 일반공업지역
   (4) 개별요인: 중로한면, 정방형, 평지
   (5) 거래가격: 4,750,000,000원(토지·건물가격구성비 6:4)
   (6) 거래시점: 2025.2.18.
   (7) 지불조건: 거래시점 당시 계약금 10%, 1개월 후 40%, 2개월 후 50%를 각각 지급함

자료 5　건축비 관련 내역

1. 준공 당시 장부상 가액은 300,000원/㎡이며, 건설업자는 해당 공장 사장의 지인으로 조사되었음
2. 표준적 건축비(대상과 개별요인은 동등함, 정액법 적용)

용도	구조	표준단가(원/㎡)	내용연수
공장	철골조 대골슬레이트지붕	615,000	35
사무실	철근콘크리트조 평지붕	900,000	45
기숙사	철근콘크리트조 평지붕	1,100,000	45

자료 6 기계 관련 자료(제작 당시 구입)

명칭	구입단가(원/대)	감가수정(정률법)
성형기	12,000,000	잔가율 10%, 내용연수 15년
조형기	10,000,000	잔가율 10%, 내용연수 15년
검사기	15,000,000	잔가율 15%, 내용연수 15년

자료 7 수익 관련 자료

1. 대상 공장은 핸드폰 필름제조업체로 연간 8,000,000개를 생산하고 있으며 개당 판매가는 500원, 매출원가 및 판관비(감가상각비 미포함)는 매출액에 85% 수준이며, 총감가상각비용 35,000,000원임
2. 상각후 환원율 10%, 상각률은 직선법(공장 기준) 적용할 것
3. 대상 공장의 매출액 구성요소는 토지·건물·기계기구임

자료 8 기타사항

1. 인근지역 내 지가, 건축비, 기계가격은 보합세를 유지함
2. 표준지, 대상 및 거래사례의 토지 개별요인은 대등한 것으로 조사됨
3. 표준지는 인근 지역의 지가 수준을 적절하게 반영하고 있음
4. 시장이자율은 연 6%임

문제 48 기업가치 및 영업권 물건별 감정평가방식

감정평가사인 S씨는 (주)하늘바람의 대표인 이씨로부터 재무제표 개선을 위한 기업가치평가를 의뢰받고 관련 자료를 수집하였다. 다음에 제시된 자료를 참고하여 (주)하늘바람의 영업 관련 기업가치 및 영업권을 평가하시오. (40점)

자료 1 2025.6.30. (주)하늘바람 기업자료

1. 기본적 사항
   (1) 기준가치: 공정가치
   (2) 감정평가 의뢰일: 2024.5.1.
   (3) 기준시점: 2025.6.30.
   (4) 평가조건: (주)하늘바람은 계속적 영업활동을 유지할 것이며, 수익창출 활동은 객관적으로 인정됨. 해당 기업의 매출 및 영업이익은 전체 영업활동에 의한 것으로 조사됨

2. 기준연도(2025년) 매출관련 정보
   (1) EBIT: 15억원
   (2) 자본적지출: 2억원
   (3) 매출액: 110억원

3. 고속성장단계의 투입변수
   (1) 자본적지출은 초기 3기 동안 매회 1억 5천만원씩 지출됨
   (2) 감가상각비는 매기 5천만원임
   (3) 매출액 대비 운전자본비율은 15%임
   (4) 매출액, 영업이익은 매년 5%씩 성장할 것으로 판단됨

4. 안정성장단계의 투입변수
   (1) 자본적지출과 감가상각비는 상쇄됨
   (2) 매출액 대비 운전자본비율은 10%임
   (3) 매출액, 영업이익은 매년 2%씩 영구 성장을 가정함

자료 2 ▎ 기타사항

1. (주)하늘바람 부채내역 등

구분	고속성장기	안정성장기
부채비율	30%	20%
보통주 베타	1.20	1.10
타인자본비용(세전)	12%	10%

2. 국고채 이자율: 7%

3. 시장기대수익률: 10%

4. 법인세율: 35%

5. 대상 기업의 위험프리미엄은 2%로 조사됨

자료 3 ▎ 수정 전 재무제표(단위: 천원)

구분	항목	금액	구분	항목	금액
유동자산	당좌자산	2,000,000	유동부채	외상매입금	1,000,000
	재고자산	2,000,000		단기차입금	1,500,000
	계	4,000,000	비유동부채	장기차입금	3,000,000
비유동자산	투자유가증권	1,000,000	자본	자본	5,500,000
	유형자산	6,000,000			
	무형자산	–			
소계		11,000,000	소계		11,000,000

※ 투자유가증권을 제외한 자산은 모두 영업활동에 의한 것으로 조사됨

자료 4 ▎ 유형자산 내역(단위: 천원)

종류	장부가액	감정평가액
토지	4,200,000	4,500,000
건물	1,200,000	1,800,000
기계기구	600,000	700,000

H감정평가법인은 (주)백두산의 비상장주식에 대한 일반거래 목적의 감정평가를 의뢰받았다. 아래와 같이 제시된 자료를 참고하여 2025.12.31. 기준 (주)백두산의 비상장주식 가치를 평가하시오. (30점)

자료 1 대상 (주)백두산 유형자산 내역

1. 토지
   (1) 소재지: S구 E동 120번지
   (2) 지목, 면적 등: 공장용지, 1,000㎡, 소로한면, 세장형, 평지
   (3) 용도지역: 일반공업지역
2. 건물
   (1) 1동: 철골조 대골슬레이트지붕, 공장, 지상 2층, 연면적 800㎡, 사용승인 2016.5.21, 높이 12m
   (2) 2동: 벽돌조 슬라브지붕, 업무용, 연면적 400㎡, 사용승인 2018.6.1.
3. 기계: 선반, 드릴링 머신 각 2EA, 국내제작일(구입일) 2016.7.1, 잔가율 10%, 내용연수 15년
4. (주)백두산 설립일: 2017.1.1.

자료 2 평가대상 비상장주식

1. 발행주식 수: 1,000,000주(액면가: 5,000원/주)
2. 자본금: 5,000,000,000원
3. 평가대상 비상장주식: 甲씨 소유 20,000주

자료 3 수정 전 재무제표 요약본(단위: 천원. 2025.1.1.~2025.12.31.)

구분	항목	금액	구분	항목	금액
유동자산	당좌자산	4,000,000	유동부채	외상매입금	500,000
	재고자산	2,000,000		단기차입금	1,500,000
	계	6,000,000	비유동부채	장기차입금	3,000,000
비유동자산	투자자산	1,000,000	자본	자본	5,000,000
	유형자산	4,000,000			
	무형자산	1,000,000		이익잉여금	2,000,000
소계		12,000,000	소계		12,000,000

자료 4 재무제표 조정

1. 유동자산 및 부채의 기말 수정사항은 없음
2. 투자자산의 경우 주식시장 변동으로 인하여 기준시점 현재 25% 손실이 발생함
3. 유형자산 내역(단위: 천원)

항목	취득가액	장부가액	감정평가액
토지	2,500,000	2,500,000	–
건물	800,000	650,000	–
기계기구	1,000,000	292,864	292,864

자료 5 인근지역 표준지공시지가(공시기준일: 2025.1.1. 단위: 원/㎡)

기호	소재지	면적 (㎡)	지목	이용 상황	용도 지역	도로 교통	형상 지세	공시지가
1	S구 E동 98	1,300	대	주상용	일반 공업	중로 한면	기장형 평지	4,030,000
2	S구 E동 115	1,500	장	공업용	일반 공업	중로 한면	정방형 평지	4,250,000
3	S구 E동 128	1,200	장	공업용	일반 공업	소로 각지	부정형 평지	3,750,000
4	S구 E동 152	1,850	장	공업 나지	일반 공업	소로 한면	가장형 평지	3,650,000

※일련번호 2는 도시계획시설도로에 15% 저촉되었으며, 일련번호 3은 건부감가 10%가 발생됨

자료 6 기준시점 현재 표준적 건축비

용도	구조	표준단가(원/㎡)	내용연수
공장	철골조 대골슬레이트지붕(9m 이하)	780,000	35
	철골조 대골슬레이트지붕(9m 이상)	850,000	35
사무실	벽돌조 슬라브지붕	920,000	45

자료 7 기타사항

1. 공시기준일로부터 기준시점까지의 지가변동률은 월 0.232%를 적용할 것
2. 표준지와 대상토지의 개별요인 비교치는 동등한 것으로 전제함
3. 무형자산(취득일: 2024.12.31.)의 법적·경제적 잔존연수는 10년, 감가수정은 정액법을 적용함

문제 50 비상장주식 물건별 감정평가방식(기업가치법)

감정평가사인 J씨는 한국자산관리공사로부터 아래와 같은 비상장주식의 공매목적 감정평가를 의뢰받고 관련 자료를 수집하였다. 다음에 제시된 자료를 참고하여 (주)S전구의 비상장주식을 평가하시오. (20점)

자료 1 기본사항

1. 감정평가 의뢰일: 2025.12.1.
2. 기준시점: 2025.12.31.

자료 2 평가대상 비상장주식

1. 발행주식 수: 800,000주(액면가: 5,000원/주)
2. 자본금: 4,000,000,000원
3. 평가대상 비상장주식: 甲씨 소유 15,000주

자료 3 (주)S전구 2025년도 영업자료

1. (주)S전구는 장래 5년간 연 8%의 매출성장 이후 연 4%의 안정기에 접어들 것으로 판단됨
2. 2025년 기준 정보
    (1) EBIT: 6억원
    (2) 감가상각비: 1억원
    (3) 자본적지출: 1.5억원
    (4) 매출액: 65억원
    (5) 매출액 대비 운전자본비율: 20%
    (6) 법인세율: 35%
    (7) 장기채권수익률: 6.5%
    (8) 시장포트폴리오 기대수익률: 11%
3. 초기 5년간 투입변수
    (1) 보통주 베타: 1.20
    (2) 이자율: 9%
    (3) 부채구성비율: 40%
    (4) 매출액, 영업이익, 자본적지출, 감가상각비는 매년 8%씩 성장할 것으로 판단됨
4. 해당 기업의 비영업용 자산은 없음

4. 5기 이후 투입변수

    (1) 보통주 베타: 1.05

    (2) 이자율: 7%

    (3) 부채구성비율: 20%

    (4) 자본적지출과 감가상각비는 상쇄됨

자료 4   **대상 기업 재무제표 일부 발췌**

구분	금액
유동부채	200,000,000원
비유동부채	1,200,000,000원
소계	1,400,000,000원

감정평가사인 이씨는 서울남부지방법원으로부터 아래와 같은 토지에 대한 소송감정평가를 의뢰받았다. 다음에 제시된 자료를 참고하여 대상 오염토지의 가치를 평가하시오. (30점)

자료 1 대상부동산

1. 소재지: 서울시 양천구 신정동 323-100
2. 지목, 면적 등: 대, 1,000㎡, 광대소각, 정방형, 평지
3. 용도지역: 일반상업지역
4. 기준시점: 2025.7.1.

자료 2 사건 개요

대상토지는 기존 주유소 용지로써 매도자 甲과 매수자 乙의 토지매매 후 건축허가 내용에 따라 착공을 위한 토목공사 중 기름 유출에 따라 토지가 오염됨을 확인함. 이에 관할법원인 서울남부지방법원은 기름 유출에 따른 토지의 가치하락분에 대한 손해배상소송 진행과 관련하여 감정평가사 이씨에게 오염토지에 대한 감정평가를 의뢰하였음

자료 3 건축허가 내역

1. 소재지: 서울시 양천구 신정동 323-100 위 지상
2. 건축허가 내역: 철골철근콘크리트, 지하 3층~지상 15층, 교육연구시설 및 제1·2종 근린생활시설, 연면적 6,700㎡, 건폐율 60%, 용적률 745% 적용함

자료 4 인근지역 표준지공시지가(공시기준일: 2025.1.1. 단위: 원/㎡)

기호	소재지	면적 (㎡)	지목	이용 상황	용도 지역	도로 교통	형상 지세	공시지가
1	신정동 323-12	1,200	대	상업용	일반 상업	중로 각지	기장형 평지	8,330,000
2	신정동 328-8	1,000	대	상업용	일반 상업	광대 한면	가장형 평지	9,100,000
3	신정동 327	111,874	대	아파트	일반 상업	광대 소각	부정형 평지	8,400,000

자료 5   오염 정화비용 등(10기 기준)

1. 복구비용: 1기 기준 50,000,000원, 10기까지 매기 2% 상승
2. 관리비용: 매기 3,000,000원
3. 원상회복 불가능한 부분
   (1) 월 임대료 손실 부분: 4,000,000원, 매기 3% 상승
   (2) 적용 환원율: 13%
4. 스티그마(인근지역 내 최근 거래사례, 평균 적용)

기호	오염 전 토지가액(원/㎡)	오염 후 토지가액(원/㎡)
1	8,500,000	7,425,000
2	8,750,000	7,557,000
3	9,520,000	7,992,000
4	7,850,000	6,972,000
5	8,470,000	7,099,000
6	9,325,000	8,026,000
7	8,450,000	7,380,000
8	7,942,000	6,850,000

자료 6   건축공사 후 예상 순수익

대상건물 전체 면적 기준 임대료는 연 270,000원/㎡, 통상적인 공실률은 5%, 관리비는 가능총수익 대비 연 20% 수준임. 종합환원율은 10%임

자료 7   표준적 건축비

업무용 및 상업용: 850,000원/㎡

자료 8   기타사항

1. 인근지역 내 지가수준은 최근 2년 내 보합세를 유지함
2. 시장이자율: 8%
3. 수익방식 적용 시 기준시점 현재 완공을 전제하며 순수익은 1기 예상 내역임
4. 대상과 인근지역 내 표준지의 개별요인은 대상이 10% 우세함

감정평가사 이씨는 K텔레콤 목동지점(통신업)의 상가건물 권리금에 대한 소송평가를 의뢰받았다. 아래와 같이 제시된 자료를 참고하여 대상물건의 권리금을 평가하고 손해배상액을 결정하시오. (20점)

자료 1 ─ 대상물건

1. 소재지: 서울시 양천구 목동 120번지, 1층 102호
2. 면적: 전유면적 30㎡, 공유면적: 20㎡, 대지권 5㎡
3. 임대내역
   (1) 임대기간: 2020.7.1.~2025.6.30.
   (2) 임대료: 월 임대료 2,500,000원, 보증금 30,000,000원

자료 2 ─ 영업시설 및 영업이익 내역

1. 영업시설, 비품

품명	재조달원가	내용연수	수량	비고
가판대	12,000,000	8	1식	원가법
인테리어	35,000,000	8	1식	원가법
책상·의자 세트	1,200,000	–	5개	중고시세
컴퓨터	1,300,000	–	3대	중고시세

※ 감가수정은 정액법 적용(잔가율 0). 영업시설 및 비품은 임차인 소유로 확인됨

2. 영업이익 자료: 기준시점 현재 최근 3년 평균 대상 상가의 영업이익은 160,000,000원으로 조사되었으며, 영업이익은 생산자물가상승률 및 금리 수준 등을 고려할 때 향후 3%씩 상승될 것으로 판단됨. 단, 판관비에는 유형재산 감가상각비는 포함되어 있으나 자가인건비 상당액 월 2,000,000원이 미포함되었음
3. 무형재산 귀속비율: 감정평가사 이씨의 시장조사 결과 대상이 속한 양천구 목동 인근지역 및 유사지역 내 동종업종의 무형재산 귀속비율은 해당 영업이익의 약 10%로 조사되었으며, 이는 객관적인 수준임
4. 「상가건물 임대차보호법」상의 계약갱신청구권의 기간은 10년을 초과할 수 없음

자료3 할인율 산정

1. 본건에 적용할 할인율은 대상 상가의 개별성을 고려하여, WACC 및 요소구성법에 의한 할인율 평균을 적용함
2. 할인율 관련 자료

구분	할인율(%)
가중평균자본비용	7.00
무위험률	2.00
대상 위험할증률	10.00

자료4 인근 거래사례

1. 소재지: 서울시 양천구 신정동 89번지, 1층 113호
2. 면적: 전유면적 25㎡, 공유면적 17㎡, 대지권 3㎡
3. 거래시점: 2025.4.1.
4. 거래금액: 74,000,000원
5. 거래내역: 거래사례는 유·무형재산 일체의 거래임. 대상과 동종업종인 통신업으로 영업시설 규모 및 영업이익 등에서 대상과 유사성이 높다고 판단됨
6. 개별요인 비교(대상 100 기준, 면적요소 포함)

구분	입지조건	영업조건	시설조건	기타조건
사례 평점	98	102	97	100

자료5 기타사항

1. 임대료 지수 및 임대가격 지수는 보합세임
2. 비품 중고시세: 책상·의자 세트의 경우 세트당 150,000원, 컴퓨터는 대당 300,000원으로 중고시세가 형성되고 있음
3. 「상가건물 임대차보호법」상 손해배상액 산정일은 임대차 종료 당시를 기준하며, 신규임차임이 지급하기로 한 금액과 권리금 평가액 중 낮은 금액으로 결정함
4. 신규임차인이 지급하기로 한 권리금은 78,000,000원임

감정평가사인 김씨는 다음과 같이 도시철도사업에 따른 구분지상권이 설정된 토지에 대해 일반거래 목적의 감정평가를 의뢰받았다. 주어진 자료를 활용하여 대상토지에 설정된 구분지상권의 감정평가액을 산정하시오. (30점)

자료 1   대상부동산 내역

1. 토지
    (1) 소재지: H구 C동 100번지
    (2) 지목 등: 대, 450㎡, 광대한면, 정방형, 평지
    (3) 용도지역 등: 일반상업지역, 도시철도 저촉
2. 건물
    (1) 소재지: H구 C동 100번지 위 지상
    (2) 구조 등: 철근콘크리트조 평지붕, 지하 3층~지상 17층
    (3) 면적: 건폐율 최대치 적용, 각 층 면적 동일, 용적률 산정 연면적 3,825㎡
    (4) 사용승인일: 2020.5.20.
    (5) 용도: 지하층은 주차장 및 기계실, 지상층은 복합쇼핑몰임
3. 기준시점: 2025.6.24.

자료 2   지역분석. 개별분석 내용

1. 최유효이용분석
    본건이 소재하는 지역은 주노선인 광대로 중심 남·북측 양측으로 업무용 및 상업용 건물이 소재하는 노선상가지대이며, 본건 역시 표준적이용과 동일한 용도가 최유효이용으로 판단됨. 최유효이용 지하 층수는 지하 3층이며 지상층은 용적률 최대치의 층수임(건폐율 최대치 적용)
2. 도시계획 조례
    (1) 건폐율: 50%
    (2) 용적률: 900%
3. 본건 토지 현황
    (1) 대상토지 중심부 지하로 도시철도가 관통하고 있으며 등기사항전부증명서상 구분지상권(2021.8.30.)이 등재되어 있음
    (2) 도시철도는 토피 15m, 터널직경 10m 상태임
    (3) 대상토지는 풍화토 PD-2패턴임

자료 3 　인근지역 표준지공시지가(공시기준일: 2025.1.1. 단위: 원/㎡)

기호	소재지	면적 (㎡)	지목	이용 상황	용도 지역	도로 교통	형상 지세	주위 환경	공시지가
1	H구 C동 98	420	대	상업용	일반 상업	광대 소각	기장형 평지	노선 상가	12,520,000
2	H구 C동 132	550	대	업무용	일반 상업	광대 한면	가장형 평지	기존 상가	10,200,000
3	H구 C동 125	500	대	상업용	일반 상업	소로 각지	부정형 평지	주상 혼용	8,530,000

※ 선정된 표준지와 대상의 개별요인 비교치는 동등함
※ 상기 표준지는 인근지역 내 지가수준을 적절하게 반영하고 있음

자료 4 　거래사례

구분	사례 A	사례 B	사례 C	사례 D
소재지	H구 C동 25	H구 C동 45	H구 C동 25-6	H구 C동 30-7
거래시점	2025.2.3.	2025.1.3.	2024.8.2.	2024.5.7.
이용상황	상업용	주거용	상업용	업무용
용도지역	일반상업	일반상업	일반상업	준주거
도로, 형상, 지세	광대소각, 정방형, 평지	광대한면, 사다리형, 평지	광대한면, 사다리형, 평지	세로(가), 정방형, 평지
토지면적(㎡)	420	480	250	550
토지 개별요인 (대상 100)	99	97	103	93
사용승인일	2019.1.20.	1979.1.23.	2020.10.25.	2000.4.1.
구조	철근콘크리트조 슬라브지붕	블록조 슬레이트지붕	철근콘크리트조, 평지붕	철골철근콘크리트 평지붕
연면적(㎡)	3,780	100	1,250	1,200
거래금액(원)	120억원	59억원	89억원	65억원

※ 사례 B는 매수인이 기존 건물 철거를 전제하여 거래한 사례로 매수인이 철거비를 부담함

1. 입체이용률 배분표

해당 지역	고층시가지	중층시가지	저층시가지	주택지	농지·임지
용적률 이용률구분	800% 이상	500~800% 미만	200~500% 미만	100~200% 미만	100% 이하
건물이용률(α)	0.8	0.75	0.75	0.7	0.8
지하이용률(β)	0.15	0.10	0.10	0.15	0.10
그 밖의 이용률(γ)	0.05	0.15	0.15	0.15	0.10
(γ)의 상하 배분비율	1:1 －2:1	1:1 －3:1	1:1 －3:1	1:1 －3:1	1:1 －4:1

※ 이용저해심도가 높은 터널 토피 20m 이하의 경우에는 (γ)의 상하배분율은 최고치를 적용함

2. 토지 패턴별(풍화토, PD-2) 건축 가능 층수(터널식)(단위: 층)

토피(m)	10	15	20	25
지상	12	15	18	22
지하	1	2	2	3

3. 심도별 지하이용저해율표

한계심도	40m		35m		30m			20m	
체감율(%)	P	β×P 0.15 ×P	P	β×P 0.10 ×P	P	β×P 0.10×P	β×P 0.15 ×P	P	β×P 0.10 ×P
토피심도									
0~5 미만	1.000	0.150	1.000	0.100	1.000	1.000	0.150	1.000	0.100
5~10 미만	0.875	0.131	0.857	0.086	0.833	0.833	0.125	0.750	0.075
10~15 미만	0.756	0.113	0.714	0.071	0.667	0.667	0.100	0.500	0.050
15~20 미만	0.625	0.094	0.571	0.057	0.500	0.500	0.075	0.250	0.025
20~25 미만	0.500	0.075	0.429	0.043	0.333	0.333	0.050		
25~30 미만	0.375	0.056	0.286	0.029	0.167	0.017	0.025		
30~35 미만	0.250	0.038	0.143	0.014					
35~40 미만	0.125	0.019							

주: 1. 지가형성에 잠재적 영향을 미치는 토지이용의 한계심도는 토지이용의 상황, 지질, 지표면하중의 영향 등을 고려하여 40m,
35m, 30m, 20m로 구분함
   2. 토피심도의 구분은 5m로 하고, 심도별지하이용효율은 일정한 것으로 봄

4. 층별효용비

층별	고층 및 중층시가지		저층시가지				주택지
	A형	B형	A형	B형	A형	B형	
20	35	43					
19	35	43					
18	35	43					
17	35	43					
16	35	43					
15	35	43					
14	35	43					
13	35	43					
12	35	43					
11	35	43					
10	35	43					
9	35	43	42	51			
8	35	43	42	51			
7	35	43	42	51			
6	35	43	42	51			
5	35	43	42	51	36	100	
4	40	43	45	51	38	100	
3	46	43	50	51	42	100	
2	58	43	60	51	54	100	100
지상 1	100	100	100	100	100	100	100
지하 1	44	43	44	44	46	48	–
지하 2	35	35	–	–	–	–	–

※ 각 층 전용면적 동일 가정함
※ A형은 상층부 일정층까지 임대료 수준에 차이를 보이는 유형이며, B형은 2층 이상이 동일한 임대수준을 나타내는 유형임
※ 지하 3층 이하는 지하 2층을 기준함

자료 6 기타사항

1. 내용연수: 철근콘크리트조(50년), 철골철근콘크리트조(50년), 블록조(35년)
2. 공통사항
   (1) 철거비는 30,000원/㎡으로 통상적으로 매수자가 부담함
   (2) 인근지역 내 임대료 수준은 층별로 상이함
3. 지가변동률(H구, %)

구분	주거지역	상업지역
2025.1.1.~2025.5.31. 누계	1.265	2.021
2025.5.1.~2025.5.31.	0.345	0.542

문제 54 최유효이용 판단 투자의사결정

감정평가사 이씨는 (주)S개발 대표자로부터 다음 토지에 대한 감정평가를 의뢰받고 다음과 같이 자료를 수집하였다. 다음 자료를 활용하여, 대상토지의 최유효이용을 판단하고, 2025년 7월 4일 현재 대상토지의 시장가치를 결정하시오. (30점)

자료 1 대상부동산 내역

1. 소재지: S시 C구 B동 200
2. 면적: 30m × 50m
3. 이용상황: 나지
4. 용도지역: 일반상업지역
5. 기타 제한: 동측 소재 중요문화재에 따른 층수 제한 1층
6. 대상 지적도

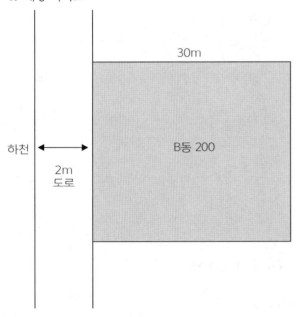

자료 2 인근지역 개황

본건 인근지역은 기존 주택지대에서 최근 상업용 건물과 업무용 건물에 대한 이행이 활발하게 이루어지고 있으며, 이는 장래의 수요 예측상 합리적으로 판단됨

자료 3   업무용 개발자료

1. 보증금: 월 지불임료의 10개월분
2. 월 지불임료: 10,000원/㎡
3. 공실 및 대손충당금: 7%
4. 운영경비: PGI의 15%
5. 기타: 건폐율 60%, 임대면적은 바닥면적의 80%임

자료 4   상업용 개발 자료

1. 보증금: 월 지불임료의 12개월분
2. 월 지불임료: 9,000원/㎡
3. 공실 및 대손충당금: 5%
4. 운영경비: EGI의 10%
5. 기타: 건폐율 60%, 임대면적은 바닥면적의 80%임

자료 5   건축비용 자료

1. 업무용: 270,000원/㎡
2. 상업용: 370,000원/㎡

자료 6   인근 표준지공시지가(공시기준일: 2025.1.1. 단위: 원/㎡)

기호	소재지	면적 (㎡)	지목	이용 상황	용도 지역	도로 교통	형상 지세	공시지가
1	C구 B동 210	1,450	대	업무용	일반 상업	소로 한면	가장형 평지	373,000
2	C구 B동 220	1,300	대	상업용	일반 상업	세로 (가)	세장형 평지	285,000
3	C구 B동 230	500	대	상업용	일반 상업	세로 (불)	가장형 평지	196,000

자료 7   인근지역 평가사례

기호	소재지	면적 (㎡)	지목	이용 상황	용도 지역	도로 교통	형상 지세	평가 목적	평가가액 (원/㎡)	기준시점
A	C구 B동 300	1,200	대	업무용	일반 상업	소로 한면	사다리 평지	일반 거래	504,000	2025.3.21.
B	C구 B동 310	1,200	대	상업용	일반 상업	세각 (가)	가장형 평지	일반 거래	420,000	2025.2.1.
C	C구 B동 320	1,300	대	상업용	일반 상업	세로 (불)	가장형 평지	담보	295,000	2025.5.30.

1. 지가변동률(S시 C구, %)

구분	주거지역	상업지역
2025.1.1.~2025.6.30. 누계	4.265	5.371
2025.6.1.~2025.6.30.	1.101	1.325

2. 개별요인(도로조건 포함)

대상	표준지 1	표준지 2	표준지 3	사례 A	사례 B	사례 C
100	108	101	98	110	105	100

3. 종합환원율: 업무용 8%, 상업용 7%

4. 건물 내용연수: 50년(감가상각은 정액법 적용)

5. 보증금의 운용이율: 2.5%

6. 허용 건폐율: 60%, 허용 용적률: 800%

본건 부동산 소유자는 현재의 시장가치를 산정한 후 현 상태대로 매도할 것인지, 아니면 개발업자로부터 제시받은 여러 개발방안 중의 하나를 선택하여 개발할 것인지를 판단하기 위해 D감정평가법인에 감정평가를 의뢰하였다. 제시된 자료를 활용하여 아래의 물음에 답하시오. (40점)

물음 1) 소유자가 제시받은 개발방안에 대하여 타당성을 분석하고 최종 개발방안을 제시하시오. (20점)

물음 2) <자료 3> 공통자료 및 <자료 4>를 활용하여 현재 상태의 대상부동산에 대한 감정평가액을 산정하고, 물음 1)에 제시한 개발대안의 가액과 비교하여 대상부동산의 시장가치를 결정하시오. (20점)

자료 1 대상부동산 기본자료

1. 소재지: K시 B구 A동 100번지

2. 토지: 대, 500㎡, 소로한면, 세로장방형, 평지

3. 건물: 조적조 슬래브지붕 2층 건물, 1층 350㎡, 2층 100㎡, 사용승인 2003.6.1.

4. 용도: 1층 점포, 2층 주거용

5. 용도지역: 일반상업지역

6. 기준시점: 2025.7.1.

자료 2 개발업자들로부터 제시받은 개발방안

1. 개발계획안 1

    (1) 건물구조 및 층수: 철근콘크리트조 슬래브지붕, 지하 1층~지상 6층, 건물 1개 동

    (2) 면적: 지하 280㎡, 지상 각층 340㎡

    (3) 이용상황: 업무용

    (4 건축계획: 건축허가 및 건축설계기간 2개월, 공사기간 8개월

    (5) 공사비 지급조건: 기준시점 현재의 총건축비를 기준으로 완공 시 100% 지급함

    (6) 개발 후 부동산 가치(완공 시 기준): 27억원

2. 개발계획안 2

    (1) 건물구조 및 층수: 철근콘크리트조 슬래브지붕, 지하 2층~지상 6층, 건물 1개 동

    (2) 면적: 지하·지상 각 350㎡

    (3) 이용상황: 지상 1층 대형마트, 지상 2층~6층 소형아파트(각 층 7개호)

    (4) 건축계획: 건축허가 및 건축설계기간 2개월, 공사기간 15개월

    (5) 공사비 지급조건: 기준시점 현재의 총건축비를 기준으로 착공 시 50%, 완공 시 50%를 지급함

    (6) 개발 후 부동산 가치(완공 시 기준): 93억원

3. 개발계획안 3

    (1) 건물구조 및 층수: 철골조 슬래브지붕 지하 2층~지상 7층 건물 1개 동

    (2) 면적: 지하 각 300㎡, 지상 1층 180㎡, 지상 2층~7층 각각 320㎡

    (3) 이용상황: 지하 1, 2층은 주차장, 지상층은 상업용 복합영화관

    (4) 건축계획: 건축허가 및 건축설계기간 2개월, 공사기간 12개월

    (5) 공사비 지급조건: 기준시점 현재의 총건축비를 기준으로 완공 시 100% 지급함

    (6) 개발 후 부동산 가치(완공 시 기준): 25억원

4. 기타자료

    (1) 모든 개발계획안에 있어 지하층 중 1개 층은 주차장 설치가 필수적임

    (2) 개발계획에 있어 건축허가 및 설계기간이 완료되면 즉시 착공하는 것으로 가정함

    (3) 건물은 착공과 동시에 철거하되, 60,000원/㎡이 소요됨

    (4) 인근지역의 모든 개발방안의 자본수익률은 12%임

자료 3   현재상태의 대상부동산 감정평가 자료

1. 인근 표준지공시지가(공시기준일: 2025.1.1, 단위: 원/㎡)

기호	소재지	면적 (㎡)	지목	용도 지역	이용 상황	도로 교통	형상 지세	공시지가
1	A동 190	500	대	일반 상업	상업용	중로 한면	세장형 평지	1,400,000
2	A동 250	550	대	중심 상업	상업용	세로 (가)	사다리 평지	1,850,000
3	B동 80	420	대	일반 상업	주상 나지	중로 한면	가장형 평지	1,150,000
4	B동 150	460	대	일반 상업	주상용	세로 (가)	정방형 평지	1,300,000
5	B동 300	850	대	일반 상업	주상 기타	소로 한면	자루형 평지	750,000

※ 일련번호 1은 20%가 도시계획시설도로에 저촉되며, 일련번호 5는 건부감가가 10% 발생되고 있음

※ 상기 표준지는 인근지역 내 지가 수준을 적절하게 반영하고 있음

2. 대상부동산 임대자료

    (1) 임대료

        1) 1층: 월 임대료 500만원, 보증금 7억원

        2) 2층: 월 임대료 50만원, 보증금 1억원

    (2) 경비내역

        1) 부동산 위탁 관리비: 연 임대료의 3%

        2) 유지관리비: 연 임대료의 20%

    (3) 자본환원율: 10%

1. 인근지역의 개황 등: 대상토지가 속해 있는 인근지역은 지질 및 지반상태가 대부분 연암인 것으로 조사되었고, 최근 임대수요의 상승으로 인한 부동산 개발이 가속화되어 5층 내외의 상업용·업무용 건물이 밀집하여 형성된 전형적인 상업지대인 것으로 조사됨. 또한, 상업·업무용 건물의 신축으로 기존 건물들의 임대료는 하락하고 있는 상황이며, 인근지역 주민들을 대상으로 표본조사를 실시한 결과 지역의 급속한 상업지로의 이행이 진행됨에 따라 공개공지 및 근린공원 등의 부족으로 주거지로서의 기능은 대체로 상실된 것으로 조사됨. 또한 최근 해당 지역의 표준지공시지가를 평가한 담당 감정평가사의 K시 B구 지역분석보고서에도 이러한 지역상황이 확인됨

2. 건축비 및 경제적 내용연수

구분	내용연수	기준시점 현재 건축비(원/㎡)	
		상업·업무용	주상용
철근콘크리트조	50	750,000	900,000
철골조	40	480,000	540,000
조적조	45	600,000	860,000

※ 건축비자료는 지상·지하층(주차장부분 포함) 구분 없이 적용 가능함

3. K시의 건축 및 도시계획 조례
   (1) 대지의 최소면적: 주거지역 90㎡, 상업지역 150㎡, 공업지역 200㎡, 녹지지역 200㎡, 기타지역 90㎡
   (2) 건축물의 최고높이: 인근 상업지역은 도시 경관 조성을 위하여 필요하다고 인정되는 구역으로 지정되어 건축물의 높이를 30m 이하로 하되, 이는 광고탑, 송신탑 등과 같은 옥상구조물의 높이를 포함한 것임
   (3) 건폐율: 전용주거지역 40%, 제2종 일반주거지역 50%, 준주거지역 60%, 중심상업지역 80%, 일반상업지역 70%, 근린상업지역 60%, 유통상업지역 60%
   (4) 용적률: 전용주거지역 100%, 제2종일반주거지역 150%, 준주거지역 400%, 중심상업지역 1,000%, 일반상업지역 600%, 근린상업지역 600%, 유통상업지역 400%
   (5) 층고: 3.5m

4. 지반에 따른 건축 가능 층수

구분	풍화토	풍화암	연암	경암
지상층	3	5	10	15
지하층	1	1	2	3

5. 기타사항
   (1) 인근지역 내 최근 지가변동 및 건설공사비 지수는 보합세를 유지함
   (2) 보증금운용이율은 2%임
   (3) 토지 개별요인

대상	표준지 1	표준지 2	표준지 3	표준지 4	표준지 5
105	110	105	101	100	104

문제 56 투자타당성 검토 투자의사결정(NPV법, IRR법)

부동산 투자자인 이씨는 아래와 같은 부동산에 대한 투자를 계획하고 있다. 이에 감정평가사 김씨에게 대상 부동산에 대한 투자타당성 검토를 의뢰하였다. 다음 자료를 활용하여 각 투자 대안에 대한 타당성을 NPV법, IRR법에 의하여 검토하시오. 기준시점은 현재임 (40점)

자료 1   투자자 이씨의 투자구성

1. 이씨의 지분투자액은 최대 45억원임
2. 이씨는 S은행으로부터 각 투자 대안에 대해 대부비율 40%, 이자율 6%, 대출 기간 15년의 대출을 이용할 계획임

자료 2   투자대안

1. 투자 대안 부동산 내역

구분	투자안 A	투자안 B
소재지	K구 D동 130	H구 A동 120
이용상황	주거용 오피스텔	상업용
용도지역	준주거	3종일주
도로, 형상, 지세	소로한면, 정방형, 평지	중로한면, 사다리형, 평지
토지면적	300㎡	500㎡
구조 및	철근콘크리트조	철근콘크리트조
매입 제안액	40억원	55억원

2. 투자 대안 부동산 임대내역

구분	투자안 A	투자안 B
임대현황	전체 40개호 임대	건물 전체 1,250㎡ 임대
현황 임대료	호당 월 100만원, 매기 2% 상승	연 38,000원/㎡, 매기 3% 상승
공실률	5%	8%
운영경비	연 임대료의 15%	연 임대료의 10%
투자기간	5년	5년
기말 매도 가능액	45억원	60억원
이씨의 투자수익률	12%	12%

문제 57 매입타당성 및 투자타당성 투자의사결정

부동산 개발 및 투자업자인 (주)J개발은 아래와 같은 부동산에 대한 투자계획을 가지고 있다. 이에 D감정평가법인에 대상부동산에 대한 투자 타당성 검토를 의뢰하였다. 다음 물음에 답하시오. (40점)
물음 1) 2025.7.6. 기준으로 대상부동산의 시장가치를 산정하고 매입 타당성을 검토하시오. (20점)
물음 2) 대상부동산에 대한 (주)J개발의 투자 타당성을 NPV법으로 검토하시오. (20점)

자료 1 **대상부동산 내역**

1. 토지
   (1) 소재지: H구 A동 200
   (2) 지목 등: 대, 800㎡, 중로한면, 가장형, 평지
   (3) 용도지역: 제2종일반주거지역
2. 건물
   (1) 용도: 지하층 주차장, 지상층 업무용 및 근린생활시설
   (2) 구조: 철근콘크리트조 평지붕 지하 1층 지상 5층(각 층 면적 동일), 3급
   (3) 사용승인일: 1999.8.5.
3. 대상 소재지 건축 조례(건축 당시)
   (1) 건폐율: 50%(최대치 적용)
   (2) 용적률: 250%(최대치 적용)

자료 2 **인근 표준지공시지가(공시기준일: 2025.1.1., 단위: 원/㎡)**

기호	소재지	면적 (㎡)	지목	이용 상황	용도 지역	도로 교통	형상 지세	공시지가
1	H구 A동 150	800	대	업무용	2종 일주	소로 한면	가장형 평지	1,540,000
2	H구 A동 180	800	대	상업용	2종 일주	중로 한면	가장형 평지	1,800,000
3	H구 A동 210	750	대	업무용	2종 일주	중로 한면	가장형 평지	1,750,000

※ 일련번호 2는 15%가 도시계획시설도로에 저촉되며, 일련번호 3은 건부감가가 20% 발생되고 있음

건물신축물단가(2025년 기준)

용도	구조	급수	표준단가(원/㎡)	내용연수
업무시설	철근콘크리트조	2	1,300,000	50
업무시설	철근콘크리트조	3	1,200,000	50
업무시설	철근콘크리트조	4	1,100,000	50

자료 4 **대상부동산 임대료 현황(기준시점 현재, 임대기간 향후 5년)**

1. 대상 임대료는 인근지역의 통상적 수준의 임대료로 파악됨. 적정 보증금은 지불임료의 10배 수준이며, 임대료는 향후 5년 동안 보합세를 유지함

층	임대면적(㎡)	전유면적(㎡)	월 지불임료(원/㎡)	보증금(원/㎡)	월 관리비(원/㎡)
1	산정	280	20,000	200,000	8,000
2	산정	280	12,000	120,000	8,000
3	산정	280	현황 공실		
4	산정	280	9,000	90,000	8,000
5	산정	280	9,000	90,000	8,000
계	–	1,400	–	–	–

2. 인근지역 표준적 층별효용비(용도 포함)

층	1층	2층	3층	4층	5층
층별효용비	100	60	50	45	45

3. 3층 현황 공실 부분은 (주)J개발 매입 후 즉시 임차가 가능할 것으로 판단됨
4. 공실률 및 운영경비 등
   (1) 인근지역 공실률: 5%
   (2) 운영경비: 운영경비는 연 관리비의 80% 수준이며, 향후 5년 동안 보합세를 유지함
5. 보유기간: 5년

자료 5 **각종 이율 등**

1. 요구수익률: 15%
2. 보증금운용이율: 3%
3. 기출환원율: 8%
4. 저당조건: (주)J개발은 본건 매입 시 이자율 6%, 매년 원리금균등분할상환조건, 기간 20년으로 10억원의 대출을 실행함

1. **물음 1)**의 경우 「감칙 제7조 제1항」에 의거하되, 주된 방법만을 사용할 것
2. 대상부동산의 소유자는 30억원을 매도액으로 제시하고 있음
3. 인근지역의 지가는 보합세를 유지함
4. 표준지와 대상부동산의 가치형성요인은 동일하며, 공시지가는 적정 시세를 반영하고 있음
5. 대상건물의 임대면적은 각 층 건축면적과 동일함

S은행은 D씨 소유에 부동산에 대하여 감정평가사인 김씨에게 담보 감정평가를 의뢰하였다. 아래 자료를 활용하여 D씨 소유 부동산의 담보목적 감정평가액을 산정하시오. (30점)

자료 1 **S은행 의뢰목록**

1. 토지

기호	소재지	면적 (㎡)	지목	이용 상황	용도 지역	소유자
1	K도 B구 B동 400-11	120	대	단독 주택	3종 일주	D씨
2	K도 B구 B동 400-1	120	대	도로	3종 일주	D씨외 5인

2. 건물

기호	내용					
가	소재지	K도 B구 B동 400-11		구조	연와조 슬라브지붕	
	용도	연면적(㎡)	건폐율(%)	용적률(%)	층수	사용승인일
	주택	140	58.00	116.67	지상 2층	1989.10.27.

자료 2 **토지개황**

1. 토지개황

지리적 위치	본건은 K도 B구 B동 소재 'B초등학교' 남측 인근에 위치함
주위환경	주위는 단독주택, 다세대주택, 아파트, 근린생활시설 등이 혼재하는 지역임
교통상황	본건 남측 인근에 버스정류장 등이 소재하여 일반적인 대중교통 사정은 양호함
형상·지세	인접도로 대비 등고 평탄한 정방형의 토지임
이용상황	주거용 건부지임
접면도로상황	본건 남동측으로 노폭 약 6m 도로와 접함
토지이용계획 및 제한사항 등	제3종일반주거지역, 제1종지구단위계획구역, 정비구역(주택재개발) 「도시 및 주거환경정비법」, 과밀억제권역 「수도권정비계획법」임
공부와의 차이 및 기타	해당 사항 없음
제시외 물건	후첨 지적 및 건물개황도 참조

2. 건물개황

건물의 구조 및 마감재 등	• 규모: 지상 2층 • 외벽: 적벽돌 마감 등 • 내벽: 벽지 마감 등 • 창호: 하이새시 마감 등						
이용상황	주택으로 이용 중임						
부대설비	급배수 및 위생설비	난방 설비	냉방 설비	소화 설비	화재탐지 설비	승강기 설비	주차시설
	○	○	–	–	–	–	–
공부와의 차이 및 기타	해당 사항 없음						
부합물 및 종물관계	후첨 지적 및 건물개황도 참조						

자료 3 현장조사사항

1. 본건 토지 K도 B구 B동 400-11번지는 400-1을 통해 통행이 가능하며, 400-1의 D씨 지분은 '1/6'임
2. 400-1번지는 D씨외 5인 소유, 현황 도로로 폭 약 6m로서, 장방형 형태임
3. 400-11번지 상에 아래와 같이 제시 외 건물이 소재함
   (1) ㉠: 벽돌조 평지붕, 10㎡, 창고
   (2) ㉡: 새시조 새시지붕, 10㎡, 전실
   (3) ㉢: 새시조 새시지붕, 15㎡, 발코니
4. 본건 동측 접면 토지 담장 일부(약 10㎡, 타인점유부분)가 본건 토지에 소재하고 있음
5. 상기 건물 등기사항전부증명서상 소유자는 D씨로 등재되어 있음

자료 4 지적 및 개황도

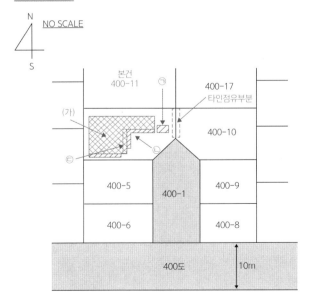

인근지역 표준지공시지가(공시기준일: 2025.1.1. 단위: 원/㎡)

기호	소재지	면적 (㎡)	지목	이용 상황	용도 지역	도로 교통	형상 지세	주위 환경	공시지가
1	B구 B동 400-4	125	대	주상용	3종 일주	세로 (가)	기장형 평지	주택 지대	2,520,000
2	B구 B동 400-9	100	대	주거용	3종 일주	세로 (가)	가장형 평지	주택 지대	2,230,000
3	B구 B동 400-21	130	대	주거용	3종 일주	소로 한면	부정형 평지	주상 혼용	3,130,000
4	B구 B동 400-35	113	대	주거용	2종 일주	세로 (가)	세장형 평지	주택 지대	1,980,000
5	B구 B동 400-17	117	대	상업용	3종 일주	세로 (가)	가장형 평지	주상 혼용	2,750,000

자료 6 인근지역 평가사례

구분	사례 A	사례 B	사례 C
소재지	B구 B동 412	B구 B동 412-5	B구 B동 418
기준시점	2025.1.2.	2025.6.7.	2025.3.2.
평가목적	담보	담보	세무서 제출용
이용상황	주거용	주거용	주거용
용도지역	3종일주	3종일주	3종일주
도로, 형상, 지세	세로(가), 정방형, 평지	세로(가), 가장형, 평지	세각(가), 가장형, 평지
토지 평가금액(원/㎡)	3,000,000	3,150,000	3,240,000

※ 감정평가사례와 대상토지의 개별요인은 동등함

자료 7 인근지역 거래사례

1. 거래사례 1
   (1) 소재지: B구 B동 400-2
   (2) 총 거래가격: 4억원
   (3) 거래시점: 2025.1.15.
   (4) 토지: 3종일주, 주거용, 125㎡, 세로(가), 세장형, 평지
   (5) 기타사항: 본건 대비 거래사례는 2% 우세함
2. 거래사례 2
   (1) 소재지: B구 B동 410-3
   (2) 총 거래가격: 6.5억원
   (3) 거래시점: 2025.3.5.
   (4) 토지: 3종일주, 주거용, 120㎡, 세로(가), 정방형, 평지

(5) 건물

구조	급수	연면적(㎡)	사용승인일	부대설비 내역
연와조 슬라브지붕	3	140㎡	1986.1.25.	전기설비, 소방설비, 위생설비

(6) 기타사항: 매수자는 구입자금의 40%를 K은행으로부터 차입하기로 하였음(이자율 8%, 대출기간 20년, 시장이자율 6%, 원리금균등상환 조건). 매도자의 사정으로 급매된 사례로 통상적인 시장가격 대비 10% 저가 거래됨, 본건 대비 거래사례는 토지·건물 전체 5% 우세함

자료 8   지가변동률(K도 2025년. %)

행정구역	기간	계획관리	상업	공업	녹지	주거	농림	자연환경
B구	5월	0.11	0.06	0.00	0.02	0.03	0.11	0.18
	5월 누계	0.01	0.04	0.22	0.03	0.15	0.10	0.00

자료 9   개별요인 평점

대상	표준지 1	표준지 2	표준지 3	표준지 4	표준지 5
100	99	100	109	93	102

자료 10   표준적건축비

용도	구조	급수	표준단가(원/㎡)	내용연수
주거용	연와조 슬라브지붕	2	1,050,000	45

자료 11   기타사항

1. 가격조사일: 2025.6.23.~2025.6.25.
2. S은행과의 협약상 현황 도로 부분은 공동담보물건으로 추가하되, 평가외 처리함

S감정평가법인은 다음과 같은 부동산에 대해 ○○지방법원으로부터 경매목적의 감정평가를 의뢰받았다. 주어진 자료를 활용하여 대상부동산의 감정평가액을 산정하시오. (30점)

자료 1 감정평가명령서 일부 발췌

1. 토지

기호	소재지	면적(㎡)	지목구조	이용상황	용도지역	소유자
1	S시 B구 B동 541-11	425.0	대	단독주택	생산관리	D씨
2	S시 B구 B동 542-12	20	전	도로	생산관리	D씨

2. 건물

기호	내용					
가	소재지	B구 B동 541-11		구조		벽돌조 슬래브지붕
	용도	연면적(㎡)	건폐율(%)	용적률(%)	층수	사용승인일
	단독주택	212.5	50.00	–	지상 1층	1997.8.27.

자료 2 실지조사 내용

1. 위치 및 주위환경: 본건은 경기도 B구 B동 소재 '해커스 초등학교' 북서측 인근에 소재하며, 주위는 단독주택, 근린생활시설, 전, 답 등이 혼재하는 지역임

2. 도로 및 교통상황: 본건 기호 1 토지는 인접지인 기호 2 토지를 통해 공도(노폭 약 8m)로 진출입이 가능하며 기호 2 토지 폭은 4m로 일반 차량의 통행이 가능함. 서측 인근에 노선버스정류장이 소재하는 등 제반교통상황은 보통임

3. 형상 등: 본건 기호 1 토지는 가장형, 평지로 현황 단독주택 부지로 이용 중이며, 기호 2 토지는 세장형, 평지로 현황 도로로 이용 중임

4. 기타사항: 본건 기호 1 토지 서측부분에는 D씨 소유의 창고(조적조 평지붕, 단층, 14㎡)가 소재하며, 동측 부분에는 인접 토지 소유자의 건물(벽돌조 평지붕, 단층, 창고 20㎡ 중 5㎡)이 소재함

자료 3 ┃ 인근지역 비교표준지공시지가(2025.1.1. 기준)

기호	소재지	면적 (m²)	용도 지역	이용 상황	도로 교통	형상 지세	공시지가 (원/m²)	비고
가	B구 B동 518-2	402.7	생산 관리	전	세로 (가)	가장형 평지	1,150,000	-
나	B구 B동 584-2	414.8	생산 관리	주거용	세로 (가)	가장형 평지	2,570,000	-
다	B구 B동 653-1	396.44	생산 관리	주거용	소로 한면	부정형 평지	2,930,000	도로 저촉 15%

자료 4 ┃ 인근지역 평가사례

기호	소재지	면적 (m²)	지목	이용 상황	용도 지역	도로 교통	형상 지세	평가 목적	평가가액 (원/m²)	기준시점
A	B구 B동 554-6	394.2	대	전	생산 관리	세로 (가)	사다리 평지	경매	1,370,000	2025.5.21.
B	B구 B동 1034-8	401.4	대	주거용	생산 관리	세로 (가)	세장형 평지	경매	3,090,000	2025.3.3.
C	B구 B동 1107-4	419.5	대	주거용	생산 관리	소로 한면	가장형 평지	경매	3,640,000	2025.1.31.

자료 5 ┃ 재조달원가 자료(기준시점. 용도의 구분 없이 적용 가능)

구조	벽돌조	조적조	목조
건축비	900,000원/m²	800,000원/m²	800,000원/m²
내용연수	40년	40년	30년

※ 잔가율은 구조 상관없이 0임

자료 6 ┃ 지가변동률(S시 B구. 생산관리 %)

2024. 누계	2025.6. 누계	2025.6.
3.82%	2.30%	0.75%

1. 도로접면(각지는 3% 가산)

중로한면	소로한면	세로(가)	세로(불)	맹지
105	100	95	90	80

2. 형상

정방형	가장형	세장형	사다리	부정형
100	103	98	90	80

3. 지세

평지	완경사	급경사
1.00	0.95	0.85

4. 도시계획시설

일반	도로	공원	운동장
1.00	0.85	0.60	0.85

자료 8 | 기타자료

1. 기준시점은 2025.7.8.임
2. 타인 건물이 토지에 미치는 감가요인은 30%을 적용하되, 감가부분의 토지 면적은 당해 건물 건폐율 고려하여 결정함

문제 60 담보평가, 경매평가 목적별 감정평가

(주)대한민국 감정평가법인은 아래와 같은 부동산에 대해 감정평가 목적별 시장가치 산정을 의뢰받았다. 다음 물음에 답하시오. 단, 기준시점은 2025년 7월 1일임. (40점)

물음 1) 대상부동산의 담보감정평가액을 산정하시오. (20점)

물음 2) 대상부동산의 경매감정평가액을 산정하시오. (20점)

자료 1 ▸ 대상부동산 개요

1. 소재지: 경기도 성남시 분당구 C동 1번지
2. 접면도로, 형상 및 지세: 중로한면, 가장형, 평지
3. 공법상제한: 제2종일반주거지역, 도시계획도로 저촉, 문화재보호구역
4. 대상부동산은 전체가 도시계획도로 및 문화재보호구역에 저촉된 상태임

자료 2 ▸ 대상부동산 공부 자료

1. 토지 관련 자료

구분	소재지	지목	면적
토지대장	경기도 성남시 분당구 C동 1번지	대	182평
등기사항전부증명서	경기도 성남시 분당구 C동 1동	전	182평

※ 토지 면적은 소수점 이하 둘째 자리까지 산정함

2. 건물 관련 자료(사용승인일: 2002.2.15.)

구분	일반건축물대장	등기사항전부증명서
소재지	경기도 성남시 분당구 C동 ○길1-1 (C동 1번지)	경기도 성남시 분당구 C동 1번지
구조	철근콘크리트조 슬래브지붕 지하 1층 지상 5층	철근콘크리트조 슬래브지붕 지하 1층 지상 5층
지하 1층	(주차장) 500㎡	(주차장) 500㎡
1 ~ 4층	(근린생활시설) 각 280㎡	(근린생활시설) 각 280㎡
5층	(단독주택) 250㎡	(단독주택) 230㎡

※ 건물의 물리적 내용연수는 70년이며, 경제적 내용연수는 50년임

실지조사 내용

1. 기준시점 현재 대상토지 중 북동측 약 30㎡는 대상건물의 건축허가를 위해 개설한 사실상 사도부분이며, 남서측 일부 약 20㎡는 서측 인접지 소유자의 건물 일부가 소재하고 있음
2. 기준시점 현재 철근콘크리트조 지상층 표준적 건축비는 주거용 1,500,000원/㎡, 주상용 1,350,000원/㎡, 상업용 1,200,000원/㎡이며 지하층 단가는 지상층 단가의 70%를 적용. 건물의 감가수정은 정액법을 적용함
3. 제시외건물에 관한 사항
   (1) 대상토지에 소재하는 제시외건물은 일반건축물대장에 미등재된 상태로서 종물에 해당되며, 대상부동산 소유자의 소유인 것으로 구두 조사되었음
   (2) 구조 등: 조적조 슬래브지붕 단층, 화장실 및 창고, 25㎡
   (3) 제시외건물은 소유자 구두 조사에 의거 2005.1.1. 신축한 것으로 조사됨
   (4) 기준시점 현재 재조달원가: 350,000원/㎡
   (5) 제시외건물의 물리적 내용연수는 40년이며, 경제적 내용연수는 30년으로 조사됨

자료 4 **인근지역 표준지공시지가(공시기준일: 2025.1.1.)**

일련 번호	면적 (㎡)	지목	이용 상황	용도 지역	주위 환경	도로 교통	형상 지세	공시지가 (원/㎡)
1	650	대	주상용	2종 일주	주택 및 상가지대	중로 한면	가장형 평지	5,150,000
2	550	전	주상용	2종 일주	후면 주택지대	중로 한면	부정형 평지	5,060,000
3	600	대	상업용	2종 일주	주택 및 상가지대	중로 각지	세장형 평지	5,430,000

※ 기호 1 표준지는 도시계획도로 저촉률 15%임

자료 5 **지가변동률〈경기도 성남시 분당구〉(단위: %)**

구분	주거지역	상업지역	대		기타
			주거용	상업용	
2025년 1월	0.512	0.312	0.511	0.552	0.312
2025년 2월	0.235	0.326	0.221	0.331	0.156
2025년 3월	0.901	0.791	0.701	0.101	0.595
2025년 4월	0.623	0.328	0.531	0.715	0.201
2025년 5월	0.225	0.251	0.282	0.312	0.212

1. 제시된 표준지공시지가의 현실화율은 80%임

2. ㈜대한민국 감정평가법인과 담보 감정평가 의뢰처인 금융기관 사이에 체결한 협약서에는 현황도로 및 타인점
   유부분은 평가대상면적에서 제외하도록 규정되어 있음

3. 문화재보호구역 가치하락률

저촉정도	0 ~ 20%	21 ~ 40%	41 ~ 60%	61 ~ 80%	81 ~ 100%
감가율	3%	5%	7%	9%	10%

4. 도시계획시설 저촉 감가율

구분	일반	도로	공원
감가율	0%	30%	50%

5. 대상토지 중 타인점유부분은 노후 건물이 소재하여 점유강도가 다소 약한 것으로 판단되며, 이에 따른 가치하
   락률은 5%임

6. 사실상 사도 부분은 화체이론에 근거 편익을 받는 토지(인근토지)가액의 3분의 1 이내로 평가함

답안편

Ⅰ. 평가개요

본건은 토지에 대한 일반거래(시가 참조)목적의 감정평가임 <기준시점: 2025.7.12.> 「감칙 제9조 제2항」

Ⅱ. 토지 감정평가액 「감칙 제14조 제1항」

1. 비표표준지 선정

(1) 비교표준지 선정기준

「감칙 제14조 제2항 제1호」

① 인근지역 내 ② 용도지역 등 공법상 제한 ③ 이용상황 ④ 주변환경 등이 같거나 유사한 표준지를 선정함

(2) 표준지 선정

2종일반주거, 주거용 기준 <#2> 선정

(3) 배제사유

#1: 도로 상이, #3: 면적 상이, #4: 1종일주

2. 공시지가기준액

$$5,000,000 \times \underset{시}{1.01357} \times \underset{지}{1.000} \times \underset{개}{1.000} \times \underset{그}{1.30} ≒ 6,590,000원/㎡(\times 400㎡ ≒ 2,636,000,000원)$$

Ⅰ. 평가개요

본건은 토지에 관한 일반거래목적의 감정평가임 <기준시점: 2025.7.12.> 「감칙 제9조 제2항」

Ⅱ. 토지 감정평가액 「감칙 제14조 제1항」

1. 비교표준지 선정

(1) 선정

2종일주, 면적, 접근성 및 도로조건 기준 A동 소재한 <#3> 선정

(2) 배제사유

#1: 면적 상이, #2·4: 접근성 보정 불가

2. 공시지가기준액

$$4,800,000 \times \underset{\text{시}}{1.00253} \times \underset{\text{지}}{1.000} \times \underset{\text{개}}{0.950} \times \underset{\text{그}}{1.25} \risingdotseq 5,710,000원/㎡(\times 450㎡ \risingdotseq 2,569,500,000원)$$

Ⅰ. 평가개요

본건은 토지에 대한 경매목적의 감정평가로 시장가치를 기준함 <기준시점: 2025.7.21.> 「감칙 제9조 제2항」

Ⅱ. 토지 감정평가액 「감칙 제14조 제1항」

1. 비교표준지 선정

(1) 표준지 선정

현황 주차장 이용은 인근지역 내 표준적 이용상황 고려 일시적 이용상황으로 판단됨. 인근지역 주위환경 고려 2종일주, 주거용 기준 <#5> 선정

(2) 배제사유

#1: 상업용, #2: 3종일주, #3: 주상용·전(도시지역 내 지목변경 미고려 가능), #4: 3종일주, #6: 주차장

$9,500,000 \times \underset{\text{시}}{1.00318} \times \underset{\text{지}}{1.000} \times \underset{\text{개}}{0.980} \times \underset{\text{그}}{1.35} ≒ 12,600,000$원/㎡(× 600㎡ ≒ 7,560,000,000원)

Ⅰ. 평가개요

본건은 토지에 대한 일반거래목적의 감정평가로 시장가치를 기준함「감칙 제5조 제1항」<기준시점: 2025.7.25. 가격조사완료일>「감칙 제9조 제2항」

Ⅱ. 공시지가기준액「감칙 제14조 제1항」

1. 비교표준지 선정

(1) 선정사유

3종일주, 상업나지, 표준지 나지상정 평가로 법정지상권 미고려 ∴ <#2> 선정

(2) 배제사유

#1: 도로 상이, #3: 면적 상이, #4·6: 주상용, #5: 2종일주

2. 시점수정치

비교표준지 소재, A구 주거지역 기준「감칙 제14조 제2항 제2호」

$1.0020 \times (1 + 0.0004 \times 25/30) ≒ 1.00233$

3. 지역요인 비교치

인근지역 1.000

4. 개별요인 비교치

$1.00/95 ≒ 1.053$

5. 그 밖의 요인 비교치

표준지공시지가는 인근지역 내 시가를 충분히 반영하고 있음

∴ <1.00>

6. 공시지가기준액

$6,200,000 \times \underset{시}{1.00233} \times \underset{지}{1.000} \times \underset{개}{1.053} \times \underset{그}{1.00} ≒ 6,540,000$원/㎡($\times 800$㎡ ≒ $5,232,000,000$원)

Ⅰ. 평가개요

- 대상물건: 토지
- 평가목적: 일반거래(시가참조용)
- 기준시점: 2025.7.3. 「감칙 제9조 제2항」
- 기준가치: 시장가치 「감칙 제5조 제1항」

Ⅱ. 감정평가액 결정 「감칙 제14조 제1항」

1. 처리방침

현황 단독주택은 주위환경 고려 일시적 이용상황이므로, 최유효이용기준원칙에 따라 일반상업·상업용을 기준하여 토지만을 평가하되, 건부감가(철거비)를 고려함

2. 비교표준지 선정

(1) 선정사유

일반상업·상업용 기준 <#3> 선정

(2) 배제사유

#1: 3종일주, #2: 이용상황 상이, #4: 3종일주, #5: 도시계획시설 저촉, #6: 둘 이상 용도지역

3. 시점수정치

비교표준지 소재, A구 상업지역 기준 「감칙 제14조 제2항 제2호」

$1.0153 \times (1 + 0.0083 \times 3/30) ≒ 1.01614$

4. 지역요인 비교치

인근지역 소재 1.000

5. 개별요인 비교치

$100/96 ≒ 1.042$

6. 그 밖의 요인 비교치

1.25

7. 나지 상정 감정평가액

$$12,300,000 \times \underset{\text{시}}{\underline{1.01614}} \times \underset{\text{지}}{\underline{1.000}} \times \underset{\text{개}}{\underline{1.042}} \times \underset{\text{그}}{\underline{1.25}} \fallingdotseq 16,300,000\text{원}/\text{㎡}$$

8. 대상토지 감정평가액

$$16,300,000 \times 300\text{㎡} - \underset{\text{철거비}}{\underline{30,000 \times 80\text{㎡}}} \fallingdotseq 4,887,600,000\text{원}(16,292,000\text{원}/\text{㎡})$$

해커스 감정평가사 이성준 감정평가실무 2차 문제집 기초

답안편

I. 평가개요

- 대상물건: 토지
- 평가목적: 일반거래
- 기준시점: 2025.7.2.(가격조사 완료일) 「감칙 제9조 제2항」
- 기준가치: 시장가치 「감칙 제5조 제1항」

II. 감정평가액 결정 「감칙 제14조 제1항」

1. 비교표준지 선정

(1) 선정사유

소로한면의 경우 상업용이 표준적 이용상황이므로 상업지대, 2종일주 기준 <#5> 선정

(2) 배제사유

#1: 도로 상이, #2, 4: 이용상황 상이, #3: 도로 상이, 기존주택 지대

2. 시점수정치

2025.1.1.~2025.7.2., 관악구, 주거지역

$1.01320 \times (1 + 0.0030 \times 32/31) ≒ 1.01634$

3. 지역요인 비교치

1.000

4. 개별요인 비교치

$$\underset{\text{가}}{1.00} \times \underset{\text{접}}{1.00} \times \underset{\text{환}}{1.00} \times \underset{\text{획(각지)}}{1/1.05} \times \underset{\text{획(형상)}}{100/95} \times \underset{\text{행}}{(0.8 + 0.2 \times 0.85)/1.00} \times \underset{\text{기}}{1.00} ≒ 0.972$$

5. 공시지가기준액

$$9,230,000 \times \underset{\text{시}}{1.01634} \times \underset{\text{지}}{1.000} \times \underset{\text{개}}{0.972} \times \underset{\text{그}}{1/0.85} ≒ 10,700,000원/㎡ (\times 200㎡ ≒ 2,140,000,000원)$$

Ⅰ. 평가개요

- 대상물건: 토지
- 평가목적: 일반거래(세무서 제출용)
- 기준시점: 2025.7.20. 「감칙 제9조 제2항 후단」(의뢰인 제시일)
- 기준가치: 시장가치 「감칙 제5조 제1항」

Ⅱ. 감정평가액 결정 「감칙 제14조 제1항」

1. 비교표준지 선정

(1) 선정사유

3층 이하 주거지대 소재, 2종일주, 주거용 세로(가) 기준 <#3> 선정

(2) 배제사유

#1, 4: 이용상황 상이, #2: 도로 상이

2. 시점수정

2025.1.1.~2025.7.20., 동작구, 주거지역

$1.00310 \times (1 + 0.0015 \times 50/31) ≒ 1.00553$

3. 지역요인

1.000

4. 개별요인

$$\underset{\text{도로}}{1.00} \times \underset{\text{형상}}{0.95} \times \underset{\text{지세}}{0.95} \times \underset{\text{도시계획시설도로}}{1/(0.85 + 0.15 \times 0.85)} ≒ 0.923$$

5. 그 밖의 요인

(1) 사례 선정

2종일주, 주거용, 일반거래 목적, 최근 사례 기준 <평가사례 A> 선정
(B: 담보목적, C: 시점 및 도로 상이)

답안편

해커스 감정평가사 이성준 감정평가실무 2차 문제집 기초

(2) 그 밖의 요인 보정치(표준지 기준)

$$\frac{5,900,000 \times 1.00305 \times 1.000 \times {}^{*}0.958}{3,850,000 \times 1.00533} \fallingdotseq 1.465$$

* 개별요인비교
  $1.00 \times 0.98 \times 1.00 \times (0.85 \times 0.15 + 0.85)/1$

(3) 결정

상기와 같이 산정된바, <1.46>로 결정

6. 공시지가기준액

$3,850,000 \times \underset{\text{시}}{1.00553} \times \underset{\text{지}}{1.000} \times \underset{\text{개}}{0.923} \times \underset{\text{그}}{1.46} \fallingdotseq 5,220,000$원$/㎡(\times 350㎡ \fallingdotseq 1,827,000,000$원$)$

문제 08 토지 비교방식(그 밖의 요인 보정치) [20점]

Ⅰ. 평가개요

본건은 A구 B동에 소재하는 토지에 대한 일반거래목적의 감정평가로서, 기준시점은 가격조사완료일인 2025.7.13.임(「감칙 제9조 제2항」)

Ⅱ. 감정평가액 결정(공시지가기준법 「감칙 제14조 제1항」)

1. 비교표준지 선정

상업용 이용(컨테이너 박스)은 일시적 이용상황으로, 일반공업지역 내 표준적 이용상황인 "공업용" 기준하여 <#4> 선정함(#1: 면적 상이, #2: 이용상황 상이, #3: 도로 상이)

2. 시점수정

2025.1.1.~2025.7.13., A구, 공업지역

$1.01070 \times (1 + 0.0047 \times 13/30) ≒ 1.01276$

3. 지역요인

1.000

4. 개별요인

$1.00 \times 1.00 \times 1.00 \times 1.00 \times 1.05 \times 1.00 ≒ 1.050$

5. 그 밖의 요인

(1) 사례 선정

일반공업, 공업용, 기준 <거래사례 D> 선정
(A: 도로 상이, B: 담보 목적, C: 이용상황 상이)

(2) 그 밖의 요인 격차율 산정(표준지 기준)

$$\frac{8,650,000 \times {}^*1.00950 \times 1.000 \times 0.950}{6,420,000 \times 1.01276} ≒ 1.383$$

* 2025.2.25.~2025.7.13. A구, 공업지역
$(1 + 0.01070 \times 126/181) \times (1 + 0.0047 \times 13/30)$

(3) 결정

상기와 같이 산정된바, <1.38>로 결정

6. 공시지가기준액

$$6,420,000 \times \underset{\text{시}}{1.01276} \times \underset{\text{지}}{1.000} \times \underset{\text{개}}{1.050} \times \underset{\text{그}}{1.38} \fallingdotseq 9,420,000원/\text{㎡}(\times\ 780\text{㎡} \fallingdotseq 7,347,600,000원)$$

Ⅰ. 평가개요

- 대상물건: 토지
- 평가목적: 담보
- 기준시점: 2025.6.30.(가격조사 완료일)「감칙 제9조 제2항」
- 기준가치: 시장가치「감칙 제5조 제1항」

Ⅱ. 공시지가기준법「감칙 제14조 제1항」

1. 비교표준지 선정

(1) 선정사유

일반상업, 접면도로 중로한면 기준 <#3> 선정

(2) 배제사유

#1: 주상용, #2: 도로 상이, #4: 준주거

2. 시점수정

보합세 ∴ 1.00000

3. 지역요인

1.000

4. 개별요인

세장형/가장형
95/105 ≒ 0.905

5. 그 밖의 요인

(1) 사례선정

일반상업, 중로한면, 담보목적, 최근 사례 기준 <사례 가> 선정
(나: 면적 상이, 다: 시점 상이, 라: 도로 상이)

(2) 격차율 산정(대상 기준)

$$\frac{42,500,000 \times 1.00000 \times 1.000 \times 95/100}{31,200,000 \times 1.00000 \times 1.000 \times 0.905} \fallingdotseq 1.429$$

(3) 결정

∴ <1.42>로 결정

6. 공시지가기준액

$31,200,000 \times \underbrace{1.00000}_{시} \times \underbrace{1.000}_{지} \times \underbrace{0.905}_{개} \times \underbrace{1.42}_{그} ≒ 40,100,000원/㎡$

Ⅲ. 거래사례비교법 「감칙 제14조 제3항」

1. 사례선정

일반상업, 중로한면, 정상거래 기준 <B> 선정(A: 주상용, C: 토지가액 배분 불가)

2. 사례 거래금액 보정

$20,500,000,000 \times [MC(8\%, 20년) \times PVAF(6\%, 20년) \times 0.4 + 0.6] ≒ 21,880,000,000원$

3. 비준가액

$21,880,000,000 \times \underbrace{1.00}_{사} \times \underbrace{1.00000}_{시} \times \underbrace{1.000}_{지} \times \underbrace{(1.000 \times 1.05/1.00)}_{개} \times \underbrace{1/600㎡}_{면} ≒ 38,300,000원/㎡$

Ⅳ. 대상 담보평가액 결정

양 시산가액 유사한바, 「감칙 제12조 제2항」 합리성 인정됨. 감정평가 목적·담보목적의 안정성 및 「감칙 제14조 제1항」 의거 공시지가기준액으로 결정

∴ 40,100,000원/㎡ × 449㎡ ≒ 18,004,900,000원

Ⅰ. 평가개요

본건은 토지의 일반거래 목적의 시장가치 감정평가로서, 기준시점은 가격조사완료일인 2025.7.3.임 「감칙 제5조 제1항」「감칙 제9조 제2항」

Ⅱ. 공시지가기준법 「감칙 제14조 제1항」

1. 비교표준지 선정

일반상업, 상업용, 중로한면, 전면상가지대 기준 <#나> 선정
(#가: 주위환경 상이, #다: 면적 상이, #라: 용도지역 상이)

2. 시점수정

2025.1.1.~2025.7.3. 마포구, 상업지역
$1.0032 \times 1.00242 \times 1.00109 \times 1.00134 \times 1.00142 \times (1 + 0.00142 \times 33/31) \fallingdotseq 1.01103$

3. 지역요인

1.000

4. 개별요인

$100/102 \fallingdotseq 0.980$

5. 그 밖의 요인

(1) 사례선정

일반상업, 상업용, 중로한면, 전면상가지대, 기준 <평가사례 A> 선정(B: 주위환경 상이, C: 평가목적 상이)

(2) 격차율 산정(대상 기준)

$$\frac{18,400,000 \times {}^{*}1.01233 \times 1.000 \times 100/103}{14,240,000 \times 1.01103 \times 1.000 \times 0.980} \fallingdotseq 1.282$$

* 2024.12.23.~2025.7.3. 마포구, 상업지역
$(1 + 0.05235 \times 9/366) \times 1.01103$

(3) 결정

∴ <1.28>로 결정

6. 공시지가기준액

공시기준일 이후 도시계획시설도로 저촉은 미보정함

$$14,240,000 \times \underset{시}{\underline{1.01103}} \times \underset{지}{\underline{1.000}} \times \underset{개}{0.980} \times \underset{그}{\underline{1.28}} ≒ 18,100,000원/㎡$$

Ⅲ. 거래사례비교법 「감칙 제14조 제3항」

1. 사례선정

일반상업, 상업용, 중로한면, 전면상가지대, 배분법 적용 가능한 <거래사례 1> 선정
(2: 영등포구 소재)

2. 사례 토지가액

$$16,800,000,000 \times 0.6 ≒ 10,080,000,000원$$

3. 대상토지 비준가액

$$10,080,000,000 \times \underset{사}{\underline{1.00}} \times \underset{시}{^{*}\underline{1.00147}} \times \underset{지}{\underline{1.000}} \times \underset{개}{\underline{100/99}} \times \underset{면}{\underline{1/545㎡}} ≒ 18,700,000원/㎡$$

* 2025.6.2.~2025.7.3. 마포구, 상업지역
   (1 + 0.00142 × 32/31)

Ⅳ. 대상 감정평가액 결정

양 시산가액 유사한바, 「감칙 제12조 제2항」 합리성 인정. 감정평가 목적 및 「감칙 제14조 제1항」 고려 공시지가기준액으로 결정

∴ 18,100,000원/㎡ × 520.4㎡ ≒ 9,419,240,000원

Ⅰ. 평가개요

본건은 토지의 일반거래 목적의 시장가치 감정평가로서, 기준시점은 2025.7.12.임

Ⅱ. 사례 토지 사정보정치

1. 사례 물적사항 정리

- 100번지: 소로한면, 가장형, 200㎡
- 100-1번지: 소로한면, 자루형, 425㎡
- 일단지: 소로한면, 정방형, 625㎡

2. 증분가치

$105 \times 625㎡ - (100 \times 200 + 90 \times 425) ≒ 7,375$

3. D동 100번지 가치배분액

$$7,375 \times \frac{105 \times 625 - 90 \times 425}{2 \times 105 \times 625 - (100 \times 200 + 90 \times 425)} ≒ 2,766$$

4. 사정보정치

$$\frac{100 \times 200}{100 \times 200 + 2,766} ≒ 0.879$$

Ⅲ. 대상토지 감정평가액(거래사례비교법)

본건 정방형 기준

$1,250,000,000 \times \underset{사}{0.88} \times \underset{시}{1.01591} \times \underset{지}{1.000} \times \underset{개}{1.02} \times \underset{면}{1/200} ≒ 5,700,000원/㎡(\times 400㎡ ≒ 2,280,000,000원)$

* 2025.1.2.~2025.7.12.
$(1 + 0.00325 \times 30/31) \times 1.00342 \times 1.00248 \times 1.00215 \times 1.00198 \times 1.00188 \times (1 + 0.00188 \times 12/30)$

해커스 감정평가사 이성준 감정평가실무 2차 문제집 기초

I. 평가개요

본건은 토지에 대한 경매목적의 감정평가로 시장가치를 기준함. 단, 기준시점은 2025.7.12.임 「감칙 제5조 제1항」「감칙 제9조 제2항」

II. 처리방침

본건은 둘 이상 용도지역에 걸쳐 있는 토지로서, 각 용도지역별로 가치를 달리하므로 구분평가하되 면적 비율에 의한 평균단가로 결정함

III. 일반상업지역 부분

1. 표준지 선정

일반상업지역, 상업용, 전면상가지대 기준 <#라> 선정(1,400㎡ × 0.6 ≒ 840㎡ 기준)
(#가: 용도지역 상이, #나: 면적 상이, #다: 접면도로 상이, #마, 바, 사: 용도지역 상이)

2. 시점수정

2025.1.1.~2025.7.12. Y구, 상업지역
$1.01594 \times (1 + 0.00298 \times 12/30) ≒ 1.01715$

3. 지역요인

인근지역 1.000

4. 개별요인

100/98 ≒ 1.020

5. 그 밖의 요인

(1) 사례 선정

일반상업, 최근 시점 사례인 <평가사례 A> 선정(B: 시적 격차 열세, C, D: 용도지역 상이)

(2) 격차율 산정(표준지 기준)

$$\frac{13,700,000 \times {}^{*}1.00784 \times 1.000 \times 98/100}{9,875,000 \times 1.01715} ≒ 1.347$$

* 2025.4.17.~2025.7.12. Y구, 상업지역
$(1 + 0.01594 \times 75/181) \times (1 + 0.00298 \times 12/30)$

∴ <1.34>로 결정

6. 공시지가기준액

9,875,000 × 1.01715 × 1.000 × 1.020 × 1.34 ≒ 13,729,000원/㎡

Ⅳ. 준주거지역 부분

1. 표준지 선정

준주거지역, 주상용, 후면주상지대 기준 <#바> 선정(1,400㎡ × 0.4 ≒ 560㎡ 기준)

(#마: 접면도로 상이, #사: 이용상황 상이)

2. 시점수정

2025.1.1.~2025.7.12. Y구, 주거지역

1.01442 × (1 + 0.00257 × 12/30) ≒ 1.01546

3. 지역요인

인근지역 1.000

4. 개별요인

100/99 ≒ 1.010

5. 그 밖의 요인

(1) 사례 선정

준주거, 주상용 기준 <평가사례 D> 선정(C: 평가목적 및 이용상황 상이)

(2) 그 밖의 요인 보정치(표준지 기준)

$$\frac{6,930,000 \times 1.02116 \times 1.000 \times 99/97}{5,280,000 \times 1.01546} ≒ 1.347$$

∴<1.34>로 결정

6. 공시지가기준액

5,280,000 × 1.01546 × 1.000 × 1.010 × 1.34 ≒ 7,256,000원/㎡

Ⅴ. 대상토지 감정평가액

면적비율에 의한 평균단가로 결정

13,729,000 × 0.6 + 7,256,000 × 0.4 ≒ 11,100,000원/㎡(× 1,400㎡ ≒ 15,540,000,000원)

Ⅰ. 평가개요

- 평가대상: 토지
- 평가목적: 경매
- 기준시점: 2025.7.12. 「감칙 제9조 제2항」
- 기준가치: 시장가치 「감칙 제5조 제1항」

Ⅱ. 처리방침

도시계획시설도로 저촉부분은 개별요인 비교치에서 고려하여 평가함
(저촉부분과 미저촉부분을 구분하여 평가 가능)

Ⅲ. 공시지가기준법 「감칙 제14조 제1항」

1. 표준지 선정

일반상업지역, 상업나지, 중로한면, 공법상 제한이 유사한 <#A> 선정
(#B: 접면도로 상이, #C: 획지조건 및 접근성 상이, #D: 공법상 제한 상이)

2. 시점수정

2025.1.1.~2025.7.12. 영등포구, 상업지역
$1.01070 \times (1 + 0.00089 \times 42/31) ≒ 1.01192$

3. 지역요인

인근지역 1.000

4. 개별요인

$$\underset{가}{\frac{100}{100}} \times \underset{행}{\frac{0.8 + 0.2 \times 0.7}{0.85 + 0.15 \times 0.7}} ≒ 0.984$$

5. 그 밖의 요인

(1) 사례 선정

일반상업, 공법상 제한이 유사한 <평가사례 1> 선정(2: 공법상 제한 상이)

(2) 격차율 산정(표준지 기준)

$$\frac{19,800,000 \times {}^{*}1.00858 \times 1.000 \times {}^{**}1.043}{15,240,000 \times 1.01192} ≒ 1.351$$

* 2025.2.17.~2025.7.12. 영등포구, 상업지역
$(1 + 0.01070 \times 104/151) \times (1 + 0.00089 \times 42/31)$

** 개별요인
$100/99 \times (0.85 + 0.15 \times 0.7) \div (0.75 + 0.25 \times 0.7)$

∴ <1.35>로 결정

6. 공시지가기준액

$$15,240,000 \times \underset{시}{1.01192} \times \underset{지}{1.000} \times \underset{개}{0.984} \times \underset{그}{1.35} ≒ 20,500,000원/㎡$$

Ⅳ. 거래사례비교법 「감칙 제14조 제3항」

1. 사례선정

일반상업, 배분법 적용 가능한 <거래사례 나> 선정(가: 토지 가액 배분 불가)

2. 시점수정

2024.11.23.~2025.7.12. 영등포구, 상업지역
$(1 + 0.0345 \times 39/366) \times 1.01192 ≒ 1.01564$

3. 지역요인

인근지역 1.000

4. 개별요인

$$\underset{가}{\frac{100}{103}} \times \underset{행}{\frac{0.8 + 0.2 \times 0.7}{1}} ≒ 0.913$$

5. 비준가액

$$12,000,000,000 \times \underset{사}{1.00} \times \underset{시}{1.01564} \times \underset{지}{1.000} \times \underset{개}{0.913} \times \underset{면}{1/542} ≒ 20,500,000원/㎡$$

V. 감정평가액 결정

공시지가기준액: 20,500,000원/㎡
비준가액: 20,500,000원/㎡

상기와 같이 산정된바, 「감칙 제12조 제2항」 의거 합리성 인정됨. 「감칙 제14조 제1항」 의거 공시지가기준
액으로 결정함

20,500,000원/㎡ × 500㎡ ≒ 10,250,000,000원

문제 14 토지 비교방식(개별물건기준원칙) [20점]

Ⅰ. 평가개요

본건은 복합부동산(토지·건물)에 대한 일반거래목적(시가참조용)의 감정평가로 시장가치를 기준함
<기준시점: 2025.7.3.> 「감칙 제5조 제1항」 「감칙 제9조 제2항」

Ⅱ. 처리방침

본건 2필지는 양 지상에 견고한 건물이 소재하는 등 용도상불가분 관계로 판단되는바, 토지는 일단지 기준하여 평가하되 토지·건물 개별물건기준 합으로 결정함
「감칙 제7조 제2항」 「감칙 제7조 제1항」

Ⅲ. 토지(공시지가기준법) 「감칙 제14조 제1항」

1. 표준지 선정

2종일주, 소로각지, 면적 유사한 <#3> 선정(#1, 2: 도로 및 면적 상이, #4: 주상용)

2. 시점수정

2025.1.1.~2025.7.3. K구, 주거지역
$1.001 \times 1.0011 \times 1.0009 \times 1.00085 \times 1.0008 \times (1 + 0.0008 \times 33/31) ≒ 1.00551$

3. 그 밖의 요인

(1) 사례 선정

2종일주, 소로각지 기준 <B> 선정
(A: 도로 상이, C: 주상용, D: 3종일주)

(2) 격차율 산정

$$\frac{3,900,000,000 \times 0.85 \times {}^*1.00335 \times 1.000 \times 100/97 \times 1/480}{5,800,000 \times 1.000551} ≒ 1.225$$

* 2025.3.3.~2025.7.3., K구 주거지역
$(1 + 0.00090 \times 29/31) \times 1.00085 \times 1.00080 \times (1 + 0.0008 \times 33/31)$

∴ <1.22>로 결정

4. 공시지가기준액

$5,800,000 \times \underset{시}{\underline{1.00551}} \times \underset{지}{\underline{1.000}} \times \underset{개}{\underline{1.000}} \times \underset{그}{\underline{1.22}} ≒ 7,110,000원/㎡ (\times 500㎡ ≒ 3,555,000,000원)$

Ⅳ. 건물

1. 처리방침

「감칙 제15조 제1항」 원가법 자료 미제시로, 「감칙 제12조 제1항」에 따라 거래사례비교법을 적용하여 시산가액 산정함

2. 사례선정

주거용, 구조, 면적, 사용승인일 유사한 <D> 선정
(A: 면적, 사용승인 상이, C: 구조 상이)

3. 비준가액

$4,200,000,000 \underset{\text{사례 건·가·구}}{\times 0.15} \times \underset{사}{\underline{1.00}} \times \underset{개}{\underline{1.00000}} \times \underset{개}{\underline{1.00/102}} \times \underset{잔가율}{\underline{(19/45)}} \div \underset{}{(22/45)} \times \underset{면}{\underline{1/900}} ≒ 593,000원/㎡$

$(\times 950㎡ ≒ 563,350,000원)$

Ⅴ. 감정평가액 결정(개별물건기준 합)

토지 + 건물 ≒ 4,118,350,000원

문제 15 토지 원가방식(가산법) [20점]

Ⅰ. 평가개요

- 대상: 토지
- 목적: 일반거래(시가참조용)
- 기준시점: 2025.3.2. 「감칙 제9조 제2항」
- 기준가치: 시장가치 「감칙 제5조 제1항」

Ⅱ. 공시지가기준법 「감칙 제14조 제1항」

1. 표준지 선정

계획관리, 조성 완료 후이므로 주위환경 고려 주상용 기준 <#5> 선정
(#4: 이용상황 상이, #6: 이용상황 및 도로 상이)

2. 공시지가기준액

$$\underset{\text{2025년도}}{967,000} \times \underset{\text{시}}{{}^*1.00036} \times \underset{\text{지}}{1.000} \times \underset{\text{개}}{100/98} \times \underset{\text{그}}{1.35} ≒ 1,330,000원/\text{㎡}$$

* 2025.1.1.~2025.3.2. 관리지역
$1.00020 \times 1.00015 \times (1 + 0.00015 \times 2/28)$

Ⅲ. 원가법(가산법)

1. 소지 가액

(1) 매입가액

700,000,000원(700,000원/㎡)

(2) 공시지가기준법

1) 표준지 선정

계획관리, 전, 세로(불) 기준 <#1> 선정(#2: 도로 상이, #3: 이용상황 상이)

2) 공시지가기준액

$$\underset{\text{2024년도}}{525,000} \times \underset{\text{시}}{{}^*1.00254} \times \underset{\text{지}}{1.000} \times \underset{\text{개}}{80/82} \times \underset{\text{그}}{1/0.75} ≒ 685,000원/\text{㎡}$$

* 2024.1.1.~2024.3.2. 관리지역
$(1 + 0.01500 \times 81/365)$

(3) 소지가액 결정

양자 유사한바, 실제 매입가액의 타당성 인정됨. 따라서, 조성지 고려 실제 매입가액으로 결정함
700,000,000원

2. 공사비 등의 현가

$300,000,000 \times 1/3 \times (1.06 + 1.005^6 + 1) + 300,000,000 \times 0.1 ≒ 339,038,000$원

3. 적산가액

감보율 20% 적용

$(700,000,000 \times 1.06) + 339,038,000$원 $= 1,081,038,000$원$(÷ 800㎡ ≒ 1,350,000$원$/㎡)$

Ⅳ. 감정평가액 결정

양 시산가액 모두 유사한바, 「감칙 제12조 제2항」 감정평가 목적 및 시장성 고려 공시지가기가액으로 결정함(적산가액은 공급자 성격으로 다소 낮음)

∴ 1,330,000원/㎡ × 800㎡ ≒ 1,064,000,000원

Ⅰ. 평가개요

- 대상: 토지
- 목적: 일반거래(시가참조용)
- 기준시점: 2025.7.1. 「감칙 제9조 제2항」
- 기준가치: 시장가치 「감칙 제5조 제1항」
- 처리방침: 개발법 적용하여 적산가액으로 평가함

Ⅱ. 개발계획

- 유효택지면적: 10,000㎡ - 400㎡ - 650㎡ = 8,950㎡
- 정상 필지: 8,950㎡ ÷ 300㎡ = 29필지
- 과부족 필지: 1필지(250㎡, 할인 분양)

Ⅲ. 분양수입의 현가

1. 분양가액 산정(2025.7.1. 기준)

(1) 공시지가기준법 「감칙 제14조 제1항」

주거용 택지조성 고려, 2종일주, 주거용 기준 <#2> 선정(#1, 3: 이용상황 상이)

$630,000 \times {}^*1.01870 \times \underset{\text{지역}}{100/105} \times 95/98 \times \underset{\text{세로(가)}}{75/75} \times 1.00 ≒ 593,000$원/㎡

* 2025.1.1.~2025.7.1. K구 주거지역
  $1.0035 \times 1.0023 \times 1.0025 \times 1.0031 \times 1.00358^2$

(2) 거래사례비교법 「감칙 제14조 제3항」

2종일주, 주거용 고려 <사례A> 선정

$700,000 \times 1.00 \times {}^*1.01515 \times 100/105 \times 95/100 \times 75/80 ≒ 603,000$원/㎡

* 2025.2.1.~2025.7.1. K구 주거지역
  $1.00230 \times 1.00250 \times 1.00310 \times 1.00358 \times 1.00358^2$

(3) 분양가액 결정

양 가액 모두 유사한바, 「감칙 제12조 제2항」 의거 합리성 인정됨. 양시산가액 모두 고려하여 아래와 같이 결정함

∴ 600,000원/㎡

2. 분양수입의 현가

600,000 × (300㎡ × 29필지 + 250㎡ × 1필지 × 0.8) × ($0.1/1.01^2 + 0.4/1.01^3 + 0.5/1.01^6$)
≒ 5,111,919,000원

IV. 공사비 등의 현가

$\underset{\text{공공시설부담금}}{\underline{4,000,000 \times 30필지}}$ /1.01 + 10,000㎡ × $\underset{\text{토목공사비, 설계비 등}}{\underline{(120,000 + 15,000)}}$ × 1/3 × PVAF(1%, 3개월)

+ $\underset{\text{판관비}}{\underline{5,340,000,000}}$ × $0.1/1.01^4$ ≒ 1,955,418,000원

V. 적산가액

분양수입의 현가 − 공사비 등의 현가 ≒ 3,156,501,000원(÷ 10,000㎡ ≒ 316,000원/㎡)

Ⅰ. 평가개요

- 대상: 복합부동산
- 목적: 일반거래(시가참조용)
- 기준시점: 2025.7.3. 「감칙 제9조 제2항」
- 기준가치: 시장가치 「감칙 제5조 제1항」

Ⅱ. 토지

1. 공시지가기준법 「감칙 제14조 제1항」

(1) 표준지 선정

준주거, 상업용 건부지 고려 <#2> 선정(#1: 상업나지, #3: 일반상업)

(2) 공시지가기준액

$10,200,000 × {}^{*}1.08490 × 1.000 × 101/103 × 1/0.75 ≒ 14,500,000원/㎡$

* 2025.1.1.~2025.7.3. 동작구, 주거지역
$1.083 × (1 + 0.0175 × 3/30)$

2. 거래사례비교법 「감칙 제14조 제3항」

준주거, 상업나지, 도로, 면적 유사성 인정됨

${}^{*}17,539,000,000 × 1.00 × {}^{**}1.04355 × 1.000 × 101/108 × 1/1,150㎡ ≒ 14,900,000원/㎡$

* 사례 금융보정
$10,000,000,000 + 6,830,000,000 × MC(6.5\%, 15년) × PVAF(5\%, 15년)$

** 2025.4.1.~2025.7.3. 동작구, 주거지역
$(1 + 0.083 × 91/181) × (1 + 0.0175 × 3/30)$

3. 토지가액 결정

양자 모두 유사한바, 「감칙 제12조 제2항」 합리성 인정됨. 일반거래(시가참조용) 목적 고려 시장성 반영하는 비준가액 기준하여 결정함

∴ $14,900,000원/㎡ × 1,500㎡ ≒ 22,350,000,000원$

Ⅲ. 건물(원가법)「감칙 제15조 제1항」

1. 재조달원가 산정

(1) 직접법

마당콘크리트, 담장공사비 제외

$(30,000,000 + \cdots 4,000,000) \times 108/105 ≒ 2,623,000,000$원

(2) 간접법

$750,000 \times 3,500㎡ ≒ 2,625,000,000$원

(3) 결정

양자 유사한바, 2,600,000,000원으로 결정함

2. 적산가액

$2,600,000,000 \times (1 - 0.9 \times 2/50) ≒ 2,506,400,000$원

Ⅳ. 대상 감정평가액(개별물건기준 합)「감칙 제7조 제1항」

토지 + 건물 ≒ 24,856,400,000원

Ⅰ. 평가개요

- 대상: 복합부동산
- 목적: 담보평가
- 기준시점: 2025.7.31.(가격조사완료일) 「감칙 제9조 제2항」
- 기준가치: 시장가치 「감칙 제5조 제1항」
- 개별물건기준 합으로 평가액 결정함

Ⅱ. 토지

1. 공시지가기준법 「감칙 제14조 제1항」

(1) 표준지 선정

일반상업, 상업용, 도로 유사한 <#2> 선정

(#1, 3: 용도지역 상이, #4: 이용상황 상이, #5: 공법상제한 상이)

(2) 시점수정치(2025.1.1.~2025.7.31. C구 상업지역)

$1.00025 \times (1-0.00181 \times 31/30) \fallingdotseq 0.99838$

(3) 개별요인

$\underset{\text{도로}}{95/95} \times \underset{\text{형상}}{100/98} \times \underset{\text{각지}}{100/103} \times \underset{\text{기타}}{100/103} \fallingdotseq 0.962$

(4) 그 밖의 요인

1) 사례 선정

일반상업, 상업용, 담보 고려 <사례 2> 선정(1: 도로 보정 불가, 3: 도로 상이)

2) 격차율 산정(대상 기준)

$$\frac{2,200,000 \times {}^{*}0.99632 \times 1.000 \times 100/98 \times 100/101}{1,610,000 \times 0.99838 \times 1.000 \times 0.962} \fallingdotseq 1.432$$

* 2025.6.1.~2025.7.31. 상업지역
  (1-0.00181 × 61/30)

∴ <1.43>으로 결정함

답안편

해커스 감정평가사 이상준 감정평가실무 2차 문제집 기초

(5) 공시지가기준액

1,610,000 × 0.99838 × 1.000 × 0.962 × 1.43 ≒ 2,200,000원/㎡

2. 거래사례비교법

(1) 사례 선정

일반상업, 상업용, 정상적인 토지만의 거래사례인 <사례 2> 선정
(1: 사정개입 및 배분법 적용 불가)

(2) 비준가액(철거비 미고려)

700,000,000 × 1.00 × 0.99838 × 1.050 × 1.000 × 100/102 × 1/320㎡ ≒ 2,250,000원/㎡

3. 토지평가액 결정

양 시산가액 모두 유사한바, 「감칙 제12조 제2항」 합리성 인정됨. 담보평가 목적 고려 안정성 기준하여 공시지가기준액으로 결정함

∴ 2,200,000 × 400㎡ ≒ 880,000,000원

Ⅲ. 건물(원가법)「감칙 제15조 제1항」

1. 재조달원가

(1) 기본건축비

500,000 × (300 × 7층 + 180 × 2층 × 0.7) ≒ 1,176,000,000원

(2) 부대설비

$$\underset{\text{위생}}{300,000 \times 20} + \underset{\text{난방}}{(50,000 + 80,000) \times 2,100} + \underset{\text{화재}}{10,000 \times 121/400 \times 2,100} + 1,000,000 \times 7$$

$$+ \underset{\text{자동주차}}{200,000 \times 30} + \underset{\text{스프링}}{10,000 \times 121/(5 \times 400) \times 360} + \underset{\text{비상발전}}{100,000}$$

$$\times \underset{\text{승강기}}{(100 + 300) + 30,000,000 \times 3} + 20,000,000 + \underset{\text{방송}}{10,000 \times 121/(10 \times 400) \times 2,460 \times 2} ≒ 444,977,000원$$

(3) 계

(1) + (2) ≒ 1,620,977,000원

2. 적산가액

재조달원가 × 43/50 ≒ 1,394,000,000원

Ⅳ. 대상 감정평가액 결정「감칙 제7조 제1항」

토지 + 건물 ≒ 2,274,000,000원

문제 19 건물 원가방식(감가수정, 시장추출법) [10점]

Ⅰ. 평가개요

본건은 상업용 건물의 일반거래 목적의 시장가치 산정으로 기준시점은 2024.7.2.임「감칙 제5조 제1항」「감칙 제9조 제2항」

Ⅱ. 건물가액「감칙 제5조 제1항」

1. 재조달원가

울타리·마당·담장·조경 제외, 도급인 이윤 포함

$$(383,200,000 - 2,300,000 - 3,300,000 - 4,200,000 - 4,900,000) \times \underset{\text{간접} \quad \text{도급}}{(1 + 0.15 + 0.1)} ≒ 460,625,000원$$

2. 연간 감가율 산정(거래사례 모두 대상과 유사하여 적정함, 평균치 적용)

(1) 사례 1

$$[1 - (21,000 - 9,600) ÷ 15,000] ÷ 10년 ≒ 2.4\%$$

(2) 사례 2

$$[1 - (20,000 - 9,000) ÷ 14,000] ÷ 12년 ≒ 1.8\%$$

(3) 사례 3

$$[1 - (25,000 - 12,000) ÷ 17,000] ÷ 11년 ≒ 2.1\%$$

(4) 결정

평균하여 <2.1%>로 결정함

3. 적산가액

(1) 정액법 적용

$$460,625,000 \times (1 - 0.021 \times 8년) ≒ 383,240,000원$$

(2) 정률법 적용

$$460,625,000 \times (1 - 0.021)^{8년} ≒ 388,695,000원$$

문제 20 건물 원가방식(분해법) [30점]

Ⅰ. 평가개요

- 평가대상: 건물
- 평가목적: 일반거래
- 기준시점: 2025.7.1. 「감칙 제9조 제2항」

Ⅱ. 재조달원가 산정

1. 직접법(건축비 내역서 기준)

(1) 주체부분

토지가치에 화체되는 울타리, 조경 및 부대설비 부분 제외함.

$$\underbrace{(10,000,000 + 15,000,000 + ,110,000,000 + 20,000,000 + 50,000,000 + 30,000,000 + 85,000,000}_{\text{직접비}}$$

$$\underbrace{+\ 15,000,000)}_{\text{간접비}} \times (1 + 0.3) ≒ 435,000,000원$$

(2) 부대설비부분

$(10,000,000 + 6,000,000 + 11,000,000 + 4,000,000 + 5,000,000 + 11,000,000 + 7,000,000 + 27,000,000) \times (1 + 0.3) ≒ 105,300,000원$

(3) 기준시점 당시 재조달원가

$$(\text{주체부분} + \text{부대부분}) \times \underset{\text{시점수정(건설공사비지수)}}{1.04^5} ≒ 657,357,000원$$

2. 간접법

표준적 건축비 기준, 점포 및 상가, 철근콘크리트조 기준 적용함
$1,250,000 \times 500 ≒ 625,000,000원$

3. 재조달원가 결정

상기와 같이 직접법 및 간접에 의한 가액 모두 유사하므로, 대상 건물의 개별성을 고려하여 직접 투입된 가액으로 결정함

∴ 656,738,000원

> **Tip** 간접법 기준 가능

III. 감가수정액 및 대상 건물 적산가액 (20)

1. 감가수정액(분해법)

(1) 물리적감가

1) 치유가능(도장): 1,200,000원

2) 치유불가능

(가) 주체부분

$435,000,000 \times 5/50 ≒ 43,500,000$원

(나) 부대부분

$(105,300,000 - {}^*1,000,000) \times 5/15 ≒ 34,767,000$원

* 이중감가를 배제하기 위해 치유가능 물리적감가(도장) 부분 제외하며, 재조달원가를 한도로 함

(다) 계: 78,267,000원

3) 물리적감가 합: 79,467,000원

(2) 기능적감가

1) 공기정화설비(과소)

(가) (경제적)타당성 검토

$800,000 \times \underset{승수}{7.0} = 5,600,000 > 4,000,000$이므로, <치유가능>

(나) 감가수정액(치 - 신)

$\underset{신규설치}{4,000,000} - \underset{기존설치}{2,500,000} ≒ 1,500,000$원

2) 유류보일러(대체)

(가) 타당성 검토

$200,000 ÷ 0.1 = 2,000,000 < 2,500,000 - 300,000$이므로, <치유불가능>

(나) 감가수정액(기 - 발 + 치 - 신)

$(1,000,000 \times 10/15 + 200,000 ÷ 0.1 - 1,200,000) \times 10 ≒ 14,667,000$원

3) 층고(과대, 층고는 구조로써 치유불가능)(기 - 발 + 치)

$18,000,000 \times 45/50 + 150,000 ÷ 0.1 ≒ 17,700,000$원

4) 기능적감가 합: 33,867,000원

(3) 경제적감가

1) 종합환원율(물리적투자결합법)

$0.5 \times 0.06 + 0.5 \times 0.1 ≒ 8\%$

2) 경제적감가

$120,000 \times 12 \div 0.08 \times \underline{0.5} ≒ 9,000,000$원

　　　　　　　　　　　　　건물가격구성비

(4) 감가수정액 합

물리적감가 + 기능적감가 + 경제적감가 ≒ 122,334,000원

2. 대상 건물 감정평가액(적산가액)

$\underline{656,738,000} - \underline{122,334,000} ≒ 534,404,000$원

　재조달원가　　　감가수정누계액

I. 평가개요

본건은 복합부동산(토지·건물)에 대한 담보목적의 감정평가로 시장가치를 기준으로 함
<기준시점: 2025.7.10.>(가격조사완료일) 「감칙 제5조 제1항」 「감칙 제9조 제2항」

II. 처리방침

① 본건 기호 1, 2 토지상에 공장(건축물)이 소재하고 있으므로, 양 토지는 용도상불가분 관계로 판단되어 '일단지'로 평가함. 일반공업, 공업용, 소로각지, 부정형, 평지, 1,800㎡ 기준함
② 토지 및 건물 개별물건기준원칙에 따라 개별평가함
③ 현황 '도로' 부분은 담보협약 기준 평가외 처리함

III. 토지 「감칙 제14조 제1항」

1. 공시지가기준법

(1) 표준지 선정

일반공업, 공업용, 면적 기준 <#다> 선정
(#가, 나: 면적 상이, #4: 이용상황 상이)

(2) 시점수정

2025.1.1.~2025.7.10. 단원구, 공업지역
$1.01048 \times (1 + 0.00482 \times 10/30) \fallingdotseq 1.01210$

(3) 지역요인

성곡동 소재 1.00

(4) 개별요인

소로각지, 부정형, 평지
$1.00 \times 1.00 \times 1.00 \times 1.00 \times 95/102 \times 1.00 \fallingdotseq 0.931$

(5) 그 밖의 요인

1) 사례 선정

일반공업, 공업용, 면적 기준 <평가사례 2> 선정
(1, 3: 면적 상이)

2) 격차율 산정

$$\frac{4,630,000 \times {}^{*}1.00434 \times 1.000 \times 1.03 \times 102/98}{3,580,000 \times 1.01210} ≒ 1.376$$

* 2025.6.14.~2025.7.10. 단원구, 공업지역
  $(1 + 0.00482 \times 27/30)$

∴ <1.37>로 결정

(6) 공시지가기준액

건부감가 미고려

$3,580,000 \times 1.01210 \times 1.000 \times 0.931 \times 1.37 ≒ 4,620,000$원/㎡

2. 거래사례비교법

(1) 사례 선정

일반공업, 공업용, 면적 기준 <거래사례 B> 선정(A, C: 면적 상이)

(2) 사례 건물가액

거래시점 기준 재조달원가 적용

$700,000 \times 23/35 \times 1,250 ≒ 575,000,000$원

(3) 사례 토지가액

$8,800,000,000 - 575,000,000 ≒ 8,225,000,000$원

(4) 대상토지 비준가액

$8,225,000,000 \times 1.00 \times {}^{*}1.02586 \times 1.000 \times (1.00 \times 95/100 \times 1.03) \times 1/1,762㎡ ≒ 4,690,000$원/㎡

* 2024.6.14.~2025.7.10. 단원구, 공업지역
  $(1 + 0.02476 \times 201/366) \times 1.01210$

3. 토지가액 결정

양 시산가액 모두 유사한바, 「감칙 제12조 제2항」 합리성 인정. 「감칙 제14조 제1항」 고려 아래와 같이 결정함

∴ $4,620,000$원/㎡ $\times 1,800㎡ ≒ 8,316,000,000$원

IV. 건물 「감칙 제15조 제1항」

원가법 적용

$750,000 \times 1.00 \times 1.00000 \times 100/102 \times 25/35 ≒ 525,000$원/㎡$(\times 1,080㎡ ≒ 567,000,000$원$)$

V. 대상 복합부동산 감정평가액

토지 + 건물 ≒ $8,883,000,000$원

Ⅰ. 평가개요

- 대상: 토지
- 목적: 일반거래(시가참조용)
- 기준시점: 2025.7.4. 「감칙 제9조 제2항」
- 기준가치: 시장가치 「감칙 제5조 제1항」

Ⅱ. 공시지가기준법 「감칙 제14조 제1항」

1. 표준지 선정

일반상업, 기존주택지대 기준 <#1> 선정(#2, 3: 노선상가지대, #4: 도로 상이, #5: 용도지역 상이)

2. 시점수정(2025.1.1.~2025.7.4. C구, 상업지역)

$1.00320 \times 1.0030 \times 1.00150 \times 1.00380 \times 1.00300 \times (1 + 0.00300 \times 34/31) ≒ 1.01792$

3. 그 밖의 요인

(1) 사례 선정

일반상업, 상업용, 일반거래 목적 고려 <B> 선정(A: 주상용, C: 도로 상이)

(2) 격차율 산정(대상 기준)

$$\frac{3,700,000 \times {}^{*}1.01467 \times 1.000 \times 98/98}{2,530,000 \times 1.01792 \times 1.000 \times 98/100} ≒ 1.487$$

* 2025.2.1.~2025.7.4. C구 상업지역
$1.0030 \times 1.00150 \times 1.00380 \times 1.00300 \times (1 + 0.00300 \times 34/31)$

∴ <1.48>로 결정

4. 공시지가기준액

$2,530,000 \times 1.01792 \times 1.000 \times 98/100 \times 1.48 ≒ 3,750,000$원/㎡

Ⅲ. 원가법(개발법)

1. 건축계획

건축면적 및 분양면적
$500㎡ \times 0.6 = 300㎡$(각층 면적 동일)
지하 3층~지상 13층

2. 분양수입의 현가

(1) 분양가액 결정

인근지역 내 분양사례 고려, 용도별 구분하여 산정함

(2) 상업용

$2,600,000 \times 100/95 \times 300㎡ \times 3층 ≒ 2,463,000,000원$

(3) 업무용

$1,950,000 \times 100/95 \times 300 \times 10층 ≒ 6,158,000,000원$

(4) 분양수입의 현가

$[(2) + (3)] \times [0.2/1.01^6 + 0.5/1.01^{12} + 0.3/1.01^{18}] ≒ 7,612,000,000원$

3. 건축비 등의 현가

(1) 건축비의 현가

$[\underset{기계실}{750,000 \times 3층} + \underset{상업용}{1,200,000 \times 3층} + \underset{업무용}{1,350,000 \times 10층}] \times 300㎡ \times [0.3/1.01^2 + 0.5/1.01^6 + 0.2/1.12]$

$≒ 5,478,000,000원$

(2) 판관비의 현가

$8,463,000,000 \times 0.03 \times 1/2 \times (1/1.01^6 + 1/1.01^{12}) ≒ 232,000,000원$

(3) 계

5,710,000,000원

4. 적산가액

(분양수입의 현가 − 건축비 등의 현가) ÷ 500㎡ ≒ 3,800,000원/㎡

Ⅳ. 대상토지 감정평가액 결정

공시지가기준액: 3,750,000원/㎡
적산가액: 3,800,000원/㎡

양 시산가액 유사한바, 「감칙 제12조 제2항」 의거 합리성 인정되어 아래와 같이 결정함

∴ 3,750,000원/㎡ × 500㎡ ≒ 1,875,000,000원

문제 23 구분소유권 원가방식(원가법) [30점]

Ⅰ. 평가개요

- 대상: 구분소유권
- 목적: 담보
- 기준시점: 2025.7.1.「감칙 제9조 제2항」
- 기준가치: 시장가치「감칙 제5조 제1항」

Ⅱ. 비교방식「감칙 제16조」

1. 사례 선정

아파트, 전용면적 유사한 <B> 선정[#A, C: 전용률(70%) 상이, #D: 전용면적 상이]

2. 비준가액

$720,000,000 \times 1.00 \times {}^*1.01961 \times 1.000 \times 100/100 \underset{층 \cdot 효 \cdot 비}{\times 20/21} \times 1.000 \underset{위 \cdot 효 \cdot 비}{} \underset{전유}{\times 1/80} \fallingdotseq 8,740,000원/㎡$

$(\times 84㎡ \fallingdotseq 734,000,000원)$

* 아파트매매가격지수 2025.3.1.~2025.7.1.: 104/102

Ⅲ. 원가방식

1. 1동 전체 가액(기초가액)「감칙 제7조 제1항」

(1) 토지「감칙 제14조 제1항」

1) 표준지 선정

3종일주, 아파트, 면적 등 고려 <#3> 선정(#1: 주상복합, #2: 준주거, #4:면적 상이)

2) 공시지가기준액

$12,200,000 \times {}^*1.03070 \times 1.000 \times 100/98 \times 1.00 \fallingdotseq 12,831,000원/㎡$

$(\times 6,000㎡ \fallingdotseq 76,986,000,000원)$

* 지가변동률(주거, 2025.1.1.~2025.7.1.)
  1.02265 × 1.00787

(2) 건물「감칙 제15조 제1항」

$[(1,500,000 + 20,000 + 35,000 + 100,000) \times (870㎡ \times 15층 + 800㎡) + 800,000,000] \times 15/50$
$\fallingdotseq 7,117,000,000원$

(3) 계

토지 + 건물 ≒ 84,103,000,000원

2. 층별 · 위치별효용비율

(1) 층별효용비율(1층 100 기준)

층	전유면적(㎡)	분양단가(원)	효용비	효용적수	효용비율	층당 효용비율
1	870	18,000	100	87,000	0.05806	0.0581
2~5	870	20,000	111	386,280	0.25784	0.0645
6~10	870	21,000	117	508,950	0.33972	0.0679
11~14	870	21,500	119	414,120	0.27642	0.0691
15	870	21,000	117	101,790	0.06794	0.679
합계				1,498,140		

(2) 위치별효용비율(1호 100 기준)

호	전유면적(㎡)	분양단가(원)	효용비	효용적수	효용비율
1	84	19,000	100	8,400	0.1333
2	84	19,000	100	8,400	0.1333
3	84	18,000	95	7,980	0.1267
4	84	18,000	95	7,980	0.1267
5	120	16,000	84	10,080	0.1600
6	120	16,000	84	10,080	0.1600
7	120	16,000	84	10,080	0.1600
합계				63,000	

3. 적산가액

$$84,103,000,000 \times \underline{0.0645} \times \underline{0.1333} ≒ 723,105,000원$$
$$\text{층·효·비} \quad \text{위·효·비}$$

Ⅳ. 대상 502호 감정평가액 결정

비준가액: 734,000,000원
적산가액: 723,105,000원

양 시산가액 유사한바, 「감칙 제12조 제2항」 합리성 인정. 적산가액은 공급자 성격으로 비준가액 대비 다소 낮은바, 시장성 고려 및 「감칙 제16조」 의거 비준가액으로 결정함

∴ 734,000,000원

Ⅰ. 평가개요

본건은 상업용 부동산에 대한 시장가치 산정으로 수익방식을 적용하여 평가함 <기준시점: 2025.6.24.>
「감칙 제5조 제1항」「감칙 제9조 제2항」

Ⅱ. 순수익(상각전, 직접법)

1. 가능총수익

$$2,500,000 \times [\underset{\text{임대료, 기초}}{12 \times 1.06} + \underset{\text{보증금}}{20 \times 0.015} + \underset{\text{권리금}}{10 \times MC(6\%,\ 2년)}] + (\underset{\text{주차장}}{220,000} + \underset{\text{관리비}}{580,000}) \times 12 ≒ 55,786,000원$$

2. 공실 및 운영경비

소유자 급여, 법인세 제외

$$2,500,000 \times 12 \times 0.05 + [25,000,000 \times MC(6\%,\ 2년) - 25,000,000 \times 1.05^2 \times SFF(6\%,\ 2년)]$$
$$+ 1,700,000 + 3,600,000 + 400,000 \times 12 ≒ 10,356,000원$$

3. 순수익

가능총수익 − 공실 및 운영경비 ≒ 45,430,000원

Ⅲ. 대상 수익가액

45,430,000 ÷ 0.08 ≒ 567,875,000원

Ⅰ. 평가개요

- 대상: 복합부동산
- 목적: 일반거래(시가참조용)
- 기준시점: 2025.7.7. 「감칙 제9조 제2항」
- 기준가치: 시장가치 「감칙 제5조 제1항」

Ⅱ. 대상 NOI 산정

1. 직접법

(1) PGI

$15,200,000 \times 12 + 300,000,000 \times 0.02 + 10,000,000 \times MC(6\%, 2년) + (1,700,000 + 850,000) \times 12$
$\fallingdotseq 224,454,000원$

(2) EGI

$PGI \times 0.95 \fallingdotseq 213,231,000원$

(3) OE(법인세 제외)

$950,000 \times 12 + 4,000,000 \times MC(6\%, 2년) + 450,000 + 1,200,000 + 850,000 \fallingdotseq 16,082,000원$

(4) NOI

$EGI - OE \fallingdotseq 197,149,000원$

2. 간접법(인근 최근 임대사례로 적정함)

(1) 대상 PGI

1) 사례 PGI

$14,800,000 \times 12 \times (1 + 0.07) + 280,000,000 \times 0.02 + 5,000,000 \times MC(6\%, 2년) \fallingdotseq 198,359,000원$

2) 대상 PGI

사례 $PGI \times 1.00 \times 1.00000 \times 1.000 \times 1.100 \fallingdotseq 218,195,000원$

(2) 대상 NOI

$PGI \times 0.95 - 16,082,000 \fallingdotseq 191,203,000원$

3. NOI 결정

대상 및 임대사례 기준 순수익 모두 유사하여 합리성 인정, 대상 임대내역 기준하여 결정함

∴ 197,149,000원

Ⅲ. 대상토지 수익가액(직접환원법)

197,149,000원 ÷ 0.045 ≒ 4,380,000,000원

문제 26 환원율 산정 수익방식 [20점]

I. 평가개요

본건은 수익용 복합부동산의 시가참조 목적의 감정평가로 수익방식을 적용하여 평가함. 기준시점은 현재임

II. NOI 산정(상각후 기준)

1. PGI

$38,500,000 \times 12 + 200,000,000 \times 0.02 + 1,500,000 \times 12 ≒ 484,000,000$원

2. EGI

PGI × 0.92 ≒ 445,280,000원

3. OE

소유자 급여 · 소득세 · 법인세 · 자기자금이자상당액 제외
$11,300,000 + 5,200,000 + 4,800,000 + 1,200,000 + 18,700,000 + 12,000,000 \times MC(5\%, 5년)$
$+ 8,900,000 + 1,800,000 + 1,300,000 + 2,300,000 + 38,500,000 \times 12 \times 0.05 ≒ 81,372,000$원

4. NOI

EGI − OE ≒ 363,908,000원

III. 환원율(R) 산정

1. 시장추출법

사정개입된 K건물 제외, 평균 적용
$(12/300 + 49.5/900 + 100/2,000) \div 3 ≒ 0.0483$

2. 물리적 투자결합법(상각후 기준)

$0.7 \times 0.04 + 0.3 \times 0.07 ≒ 0.0565$

3. 조성법(요소구성법)

$0.02 + 0.02 + 0.005 + 0.01 ≒ 0.0550$

4. 금융적 투자결합법

$4.5/7 \times 0.04 + 2.5/7 \times 0.07 ≒ 0.0507$
지분비율

5. 엘우드법

$0.05 - 0.6 \times [0.05 + {}^*0.613 \times SFF(5\%, 15년) - MC(7\%, 20년)] - 0.15 \times SFF(5\%, 15년) ≒ 0.0526$
상환비율

* 상환비율
$(1.07^{15}-1)/(1.07^{20}-1)$

6. 결정

평균하여 <50.11%>로 결정함

Ⅳ. 감정평가액 결정(직접환원법)

$NOI ÷ 환원율(R) ≒ 7,121,487,000원$

Ⅰ. 평가개요

- 대상: 복합부동산
- 목적: 일반거래(시가참조용)
- 기준시점: 2025.7.6.「감칙 제9조 제2항」
- 기준가치: 시장가치「감칙 제5조 제1항」

Ⅱ. 토지「감칙 제14조 제1항」

1. 표준지 선정

일반상업, 소로한면 기준 <#1> 선정(#2: 접면도로 상이 #3: 도로 저촉)

2. 공시지가기준액

$7,530,000 \times 1.00000 \times 1.000 \times 1.000 \times 1.00 ≒ 7,530,000$원/㎡($\times 300$㎡ $≒ 2,259,000,000$원)

Ⅲ. 건물

1. 처리방침

재조달원가 미제시로 원가법 적용 불가, 건물 잔여법으로 평가함「감칙 제12조 제1항 후단」

2. 대상 순수익

소득세 제외

$$\underbrace{[15,200,000 \times 12 + 3,000,000 + 700,000 \times 12]}_{\text{가능총수익}} - \underbrace{[470,000 + 1,200,000 + 350,000] \times 12}_{\text{운영경비}} ≒ 169,560,000원$$

3. 대상토지귀속순수익

$2,259,000,000 \times 0.06 ≒ 135,540,000$원

4. 대상건물귀속순수익

대상 순수익 − 대상토지귀속순수익 ≒ 34,020,000원

5. 대상건물 수익가액(회수율은 직선법 적용)

$34,020,000 \div (0.06 + 1/8) ≒ 183,892,000$원

Ⅳ. 대상부동산 감정평가액 「감칙 제7조 제1항」

토지 + 건물 ≒ 2,442,892,000원

Ⅰ. 평가개요

- 대상: 복합부동산
- 목적: 일반거래(시가참조용)
- 기준시점: 2025.7.15. 「감칙 제9조 제2항」
- 기준가치: 시장가치 「감칙 제5조 제1항」

Ⅱ. 건물 「감칙 제15조 제1항」

표준적 건설사례 기준, 원가법 적용

$1,200,000 \times 1.00 \times 125/107 \times 95/100 \times 42/50 \fallingdotseq 1,120,000$원/㎡($\times 8,100$㎡ $\fallingdotseq 9,072,000,000$원)

Ⅲ. 토지(토지잔여법 적용)

1. 환원율 결정

(1) 종합환원율

5.5%

(2) 토지환원율

시장매매자료 적정함. 평균으로 산정

$(8/180 + 6/140 + 8.7/190) \div 3 \fallingdotseq 0.044$

(3) 건물환원율(물리적 투자결합법)

$0.055 \fallingdotseq 0.7 \times 0.044 + 0.3 \times x$일 때,

$\therefore x \fallingdotseq 0.0807$

2. 대상토지귀속순수익

(1) 사례 상각전 순수익

1) 가능총수익

구축물인 광고판 수입 제외함

$85,000,000 + 220,000,000 \times 12 + 5,800,000 \times 12 \fallingdotseq 2,794,600,000$원

2) 공실 및 운영경비

소득세 및 감가상각비 제외

PGI × 0.03 + (47,000,000 + 56,000,000 + 14,500,000 + 35,800,000 + 24,900,000) ≒ 262,038,000원

3) 사례 상각전 순수익

가능총수익 − 공실 및 운영경비 ≒ 2,532,562,000원

(2) 대상 상각전 순수익

$$(1) \times \underset{\text{사}}{1.00} \times \underset{\text{시}}{1.0000} \times (0.7 \times \underset{\text{토·순·구}}{100/102} \times \underset{\text{토지면적}}{1,800/2,200} + 0.3 \times \underset{\text{건·순·구}}{95/98} \times \underset{\text{잔가율}}{42/44} \times \underset{\text{연면적}}{8,100/9,400}) \times \underset{\text{일체품등}}{1.00}$$

≒ 2,027,829,000원

(3) 대상건물귀속순수익

9,072,000,000 × 0.0807 ≒ 732,110,000원

(4) 대상토지귀속순수익

대상 상각전 순수익 − 대상건물귀속순수익 ≒ 1,295,719,000원

3. 대상토지 수익가액

1,295,719,000 ÷ 0.044 ≒ 29,448,159,000원

IV. 대상부동산 감정평가액 「감칙 제7조 제1항」

토지 + 건물 ≒ 38,520,159,000원

Ⅰ. 평가개요

본건은 복합부동산으로 시장가치 기준 평가함 <기준시점: 2025.6.24.> 「감칙 제5조 제1항」 「감칙 제9조 제2항」

Ⅱ. 수익가액(부동산잔여법)

1. 대상 순수익

부가사용료는 임차인 비용으로 제외

[1,200,000 + 2,250,000 × 12] - [1,200,000 + 650,000 + 2,320,000 + 2,250,000] ≒ 21,780,000원

2. 기말 복귀액(토지) 「감칙 제14조 제1항」

(1) 표준지 선정

2종일주, 상업용, 면적 고려 <#2> 선정(#1: 면적 상이, #3: 이용상황 상이)

(2) 기말 복귀액

1,540,000 × 1.0000 × 1.000 × 1.000 × 1/0.85 × 1.55 ≒ 2,810,000원/㎡(× 150㎡ ≒ 421,500,000원)

3. 대상부동산 수익가액

$21,780,000 \times$ PVAF(6%, $\underset{\text{잔존연수}}{\underline{15년}}$) $+ 421,500,000 \times 1/1.06^{15} ≒ 387,410,000$원

Ⅰ. 평가개요

본건은 복합부동산으로 시장가치를 산정함, 기준시점은 현재임

Ⅱ. 수익가액(NOI 기준, DCF법 적용)

1. 1기 NOI

(1) PGI

$70,000 \times 300㎡ \times 5층 \times 0.85 + 1,500,000,000 \times 0.02 + 300,000 \times 12 ≒ 122,850,000원$

(2) NOI

$PGI \times 0.93 \times 0.7 ≒ 79,975,350원$

2. 기말복귀액

$NOI \times 1/0.1 \times (1-0.03) ≒ 775,760,000원$

3. 대상 복합부동산 수익가액

$$\sum_{n=1}^{5} \frac{NOI_n}{1.05^n} + \frac{기말복귀액}{1.05^5} ≒ 954,080,000원$$

해커스 감정평가사 이성준 감정평가실무 2차 문제집 기초

문제 31 할인현금흐름분석법 수익방식 [20점]

Ⅰ. 평가개요

- 대상: 복합부동산
- 목적: 일반거래(시가참조용)
- 기준시점: 2025.7.6.「감칙 제9조 제2항」
- 기준가치: 시장가치「감칙 제5조 제1항」
  할인현금흐름분석법(BTCF기준) 적용함

Ⅱ. 저당가치

1,000,000,000원(대출금액)

Ⅲ. 지분가치

1. 임대사례 적정성 여부

임대사례는 대상과 위치적·물적 유사성 크고, 동일 용도의 건물로 전형적 임대료로 판단되어 적정함

2. 1기 NOI

(1) 1기 PGI(임대사례 적용)

$$8,000 \times 105/100 \times [\underset{\text{층별효용비}}{\underline{720㎡ \times 0.7 \times 1/100 \times (100 + 60 + 50 + 45 \times 6층 + 40 \times 3층)}}] \times [12개월 + 10개월$$

$$\times 0.03] \times \underset{\text{1기 보정}}{\underline{1.03}} ≒ 321,813,000원$$

(2) 1기 NOI

$$PGI \times 0.97 \times 0.75 ≒ 234,119,000원$$

3. 현금흐름표(단위: 천원)

구분	1	2	3	4	5
*PGI	321,812	331,466	341,410	351,652	362,201
공실	9,654	9,943	10,242	10,549	10,866
EGI	312,157	321,522	331,168	341,103	351,335
OE	78,039	80,380	82,792	85,275	87,833
NOI	234,119	241,141	248,376	255,825	263,502
**DS			80,243		
BTCF	153,875	160,898	168,133	175,584	183,259

* PGI 3% 상승
** 10억원 × MC(5%, 20년)

4. 기말지분복귀액

(1) 순매도액

기출환원율 9% 적용

5기 NOI × 1.03 × 1/0.09 ≒ 3,015,634,000원

(2) 미상환저당잔금

$$10억원 \times [1 - \frac{1.05^5 - 1}{1.05^{20} - 1}] ≒ 832,890,000원$$

(3) 기말지분복귀액

순매도액 × 0.97 − 미상환저당잔금 ≒ 2,092,275,000원

5. 지분가치

$$\sum_{n=1}^{5} \frac{BTCF_n}{1.06^n} + \frac{기말지분복귀액}{1.06^5} ≒ 2,269,022,000원$$

IV. 대상 복합부동산 수익가액

저당가치 + 지분가치 ≒ 3,269,022,000원

I. 평가개요

- 대상: 복합부동산
- 목적: 일반거래(시가참조용)
- 기준시점: 2025.8.7.「감칙 제9조 제2항」
- 기준가치: 시장가치「감칙 제5조 제1항」

II. 물음 1, 개별물건기준「감칙 제7조 제1항」

1. 토지「감칙 제14조 제1항」

(1) 표준지 선정

일반상업, 업무용, <#2> 선정(#1: 3종일주, 후면상가지대, #3: 후면상가지대)

(2) 공시지가기준액

$21,900,000 \times {}^*1.04814 \times 1.000 \times 100/100 \times 1.000 \fallingdotseq 23,000,000$원$/㎡$

$(\times 1,500㎡ \fallingdotseq 34,500,000,000$원$)$

* 2025.1.1.~2025.8.7. 상업지역

$1.03471 \times (1 + 0.01025 \times 38/30)$

2. 건물「감칙 제15조 제1항」

업무시설, 3급부대설비, 보정단가 고려, 사용승인일 기준

$(1,200,000 + 70,000 + 140,000 + 30,000) \times 13,800 \times 43/50 \fallingdotseq 17,089,920,000$원

3. 개별물건기준 합

토지 + 건물 $\fallingdotseq 51,589,920,000$원

III. 물음 2, 일괄수익가액(DCF법)「감칙 제7조 제2항」

1. 저당가치

15,000,000,000원

2. 지분가치

(1) 1기 NOI

1) PGI

일반거래 목적 및 시장가치 산정으로 현황 공실부분은 표준적 임대료 기준하여 산정함

$$\underbrace{(47{,}000 + 35{,}000 + 25{,}000 \times 2층 + 27{,}000 \times 6층)}_{\text{지불임료}} \times 12 \times 1{,}000㎡ + \underbrace{(470{,}000 + 350{,}000 + 250{,}000 \times 2}_{\text{보증금운용이익}}$$

$$+ 270{,}000 \times 6) \times 0.02 \times 1{,}000 + \underbrace{12{,}000 \times 1{,}000 \times 12}_{\text{관리비}} \times 10 + 15{,}000{,}000 \times 12 ≒ 5{,}206{,}800{,}000원$$

2) EGI(전형적 공실률 반영)

$PGI \times 0.95 ≒ 4{,}775{,}460{,}000원$

3) OE

$12{,}000 \times 1{,}000 \times 12 \times 10 \times 0.7 ≒ 1{,}008{,}000{,}000원$

4) 1기 NOI

$EGI - OE ≒ 3{,}767{,}460{,}000원$

(2) 현금흐름표(단위: 천원)

구분	1	2	3	4	5
PGI	5,206,800		2% 상승		5,636,007
공실	260,340	265,546	270,857	276,274	281,800
EGI	4,946,460	5,045,389	5,146,296	5,249,222	5,354,207
OE	1,008,000	1,038,240	1,069,387	1,101,468	1,134,512
NOI	3,938,460	4,007,149	4,076,909	4,147,754	4,219,694
* DS			1,203,638		
BTCF	2,734,822	2,803,511	2,873,271	2,944,116	3,016,056
** 원금상환분	453,638	476,319	500,135	525,142	551,396
*** (감가상각비)			397,440		
과세표준	2,791,017	2,882,391	2,975,967	3,071,818	3,170,012
**** TAX(25%)	697,754	720,597	743,991	767,954	792,503
ATCF	2,037,067	2,082,914	2,129,280	2,176,162	2,223,553

* DS
150억 × MC(5%, 20년)

** 원금상환분
(DS-150억 × 0.05) × 1.05^{N}

*** 감가상각비
재조달원가/50년

**** TAX
(BTCF + 원금상환분 - 감가상각비) × 0.25

(3) 기말지분복귀액

   1) 재매도가치

   개별물건합 × 1.05 × 0.96 ≒ 51,927,039,000원

   2) 미상환저당잔금

   150억원 × $[1 - \dfrac{1.05^5 - 1}{1.05^{20} - 1}]$ ≒ 12,493,359,000원

   3) 기말지분복귀액

   재매도가치 − 미상환저당잔금 ≒ 39,020,643,000원

(4) 지분가치

   할인율은 투자수익률 1년 기준 6% 적용(가산식)

   $\displaystyle\sum_{n=1}^{5} \dfrac{ATCF_n}{1.06^n} + \dfrac{기말지분복귀액}{1.06^5}$ ≒ 38,644,037,000원

3. 일괄수익가액

   저당가치 + 지분가치 ≒ 53,644,037,000원

1. 북측 노선가를 주노선가로 보는 경우

$X \times \underset{\text{깊이}}{0.94} + 1,200,000 \times 0.96 \times \underset{\text{각지 가산}}{0.2} \fallingdotseq 1,600,000$원/㎡일 때,

$\therefore X \fallingdotseq 1,457,000$원/㎡

2. 서측 노선가를 주노선가로 보는 경우

$1,200,000 \times 0.96 + X \times 0.94 \times 0.2 \fallingdotseq 1,600,000$원/㎡일 때,

$\therefore X \fallingdotseq 2,383,000$원/㎡

3. 북측 노선가 결정

서측 노선가를 주노선가로 보는 경우에는 서측 노선가보다 북측 노선가가 높으므로 논리적 오류가 발생함. 따라서 북측 노선가를 주노선가로 보는 경우 타당하므로 북측 노선가를 1,457,000원/㎡으로 결정함

답안편

해커스 감정평가사 이성준 감정평가실무 2차 문제집 기초

1. 사례 선정

총 일조시간 4시간이 넘는 사례인 <사례 1, 4, 9, 10> 제외하고 침해율을 산정함

2. 회귀식

y = ax + b일 때,

(y: 부동산 가치, x: 일조침해시간 a: 분당 가치하락액, b: 일조권 등의 침해가 없는 경우 부동산 가치)

3. 회귀계수 산정

$b = \bar{y} - a\bar{x} \fallingdotseq 228.241,326x$

$a = \dfrac{\sum y \cdot \sum x^2 - \sum x \cdot \sum xy}{n\sum x^2 - \left(\sum x\right)^2} \fallingdotseq -87,092$

$(r^2 \fallingdotseq 96.1\%)$

> **Tip** $x = 240 -$ 사례별 총 일조시간(분)

4. 일조침해율

대상부동산은 총 70분 침해됨

$\therefore \dfrac{87,092}{228,241,326} \times 70분 \fallingdotseq 2.67\%$

I. 평가개요

- 평가대상: 구분건물
- 평가목적: 일반거래
- 기준시점: 현재
- 기준가치: 시장가치 「감칙 제5조 제1항」

II. 가치형성요인비교치 산정

1. 남동향/남향 격차율

층별 격차율, 관리상태 유사한 <거래사례 1, 2>를 비교하여 격차율 산정함

$$\frac{남동향\ 667,000,000}{남향\ 687,000,000} ≒ 0.971$$

2. 발코니 확장 격차율

층별 격차율, 발코니 확장 또는 미확장 사례인 <사례 4, 5>를 비교하여 격차율 산정함

$$\frac{확장}{미확장} = \frac{635,000,000}{632,000,000 \times 102/104} ≒ 1.024$$

III. 대상 103동 12층 1202호 시장가치

남동향, 발코니 확장, 12층, 관리상태 하 기준으로 <거래사례 3> 적용하여 시장가치 산정함

$$650,000,000 \times \underset{남동향}{0.971} \times \underset{발코니}{1.024} \times \underset{12층}{1.000} \times \underset{관리상태}{100/102} ≒ 634,000,000원$$

문제 36 토지 물건별 감정평가방식(공법상 제한을 받는 토지) [20점]

Ⅰ. 평가개요

본건은 토지에 대한 일반거래목적의 감정평가로, 공법상제한에 유의하여 평가함. 기준시점은 2025.7.25.임 「감칙 제9조 제2항」

Ⅱ. 기호 1 토지

1. 표준지 선정

2종일주, 상업용, 동일노선에 소재한 <표준지 #가> 선정(#나: 접면도로 노선 상이)

2. 시점수정치

2025.1.1.~2025.7.25. D구, 주거지역
$1.02305 \times (1 + 0.00484 \times 55/31) = 1.03184$

3. 공법상 제한 비교치

대상 20%, 표준지 15% 도시계획시설도록 저촉

$\dfrac{0.8 + 0.2 \times 0.85}{0.85 + 0.15 \times 0.85} = 0.992$

4. 대상 기호 1 토지 공시지가기준액

$2,560,000 \times 1.03184 \times 1.000 \times 0.992 \times 1/0.8 = 3,280,000$원/㎡($\times 400㎡ = 1,312,000,000$원)

Ⅲ. 기호 2 토지

1. 표준지 선정

2종일주, 상업용, 접면노선에 따라 상권 및 가격격차를 가지므로, 현황 도면상 동일노선에 소재한 동일한 <표준지 #가> 선정

2. 공법상 제한 비교치

대상 0%, 표준지 15% 도시계획시설도로 저촉

$\dfrac{1}{0.85 + 0.15 \times 0.85} = 1.023$

3. 대상 기호 2 토지 공시지가기준액

$2,560,000 \times 1.03184 \times 1.000 \times 1.023 \times 1/0.8 = 3,380,000$원/㎡($\times 400㎡ = 1,352,000,000$원)

I. 평가개요

본건은 토지에 대한 경매 목적의 감정평가로, 기준시점은 2025.6.30.임 「감칙 제9조 제2항」

II. 본건 기호 1 토지 감정평가액

1. 처리방침

둘 이상 용도지역에 걸친 토지로 각 용도지역별 토지단가를 산정한 후, 면적비율에 의한 평균단가로 결정함

2. 표준지 선정 등

(1) 표준지 선정

일반상업, 3종일주 기준, 상업용, 광대한면, 각 용도지역별 공시지가 배분 가능한 <#가> 선정함

(2) 제3종일반주거지역 부분 표준지공시지가

$x \times 0.5 + 10,000,000 \times 0.5 ≒ 8,000,000$원/㎡일 때, $\therefore$ $x ≒ 6,000,000$원/㎡

3. 일반상업지역 부분 공시지가기준액

광대한면, 세장형, 평지 기준
$10,000,000 \times 1.01624 \times 1.000 \times 98/102 \times 1/0.75 ≒ 13,000,000$원/㎡

4. 제3종일반주거지역 부분 공시지가기준액

$6,000,000 \times 1.01448 \times 1.000 \times 98/102 \times 1.20 ≒ 7,020,000$원/㎡

5. 대상 기호 1 토지 경매 평가액

$13,000,000 \times 200/600 + 7,020,000 \times 400/600 ≒ 9,010,000$원/㎡($\times 600$㎡ ≒ $5,406,000,000$원)

> Tip 면적비율에 의한 평균단가가 아닌 구분평가로 "각 용도지역별 단가 × 면적"의 합으로 산정 가능

Ⅲ. 본건 기호 2 토지 감정평가액

1. 처리방침

둘 이상의 용도지역의 걸친 토지이나, 제3종일반주거지역 내 면적이 전체 면적 대비 2.5%로 협소한바, 도시계획조례 의거 주된 용도지역인 '일반상업지역'을 기준하여 평가함

2. 대상 기호 2 토지 경매평가액

$10,000,000 × 1.01624 × 1.000 × 1.000 × 1/0.75 ≒ 13,500,000$원/㎡$(× 200$㎡ $≒ 2,700,000,000$원$)$

문제 38 토지 물건별 감정평가방식(골프장) [30점]

I. 평가개요

본건은 골프장에 대한 일반거래 목적의 감정평가로서, 전체 등록지를 일단지로 보고 감정평가함. 기준시점은 2025.7.15.임「감칙 제9조 제2항」

II. 개별물건기준 평가액(원가법)「감칙 제7조 제1항」

1. 토지

(1) 처리방침

개발지 및 원형보전지 일단지 평가, 등록지 면적 기준하여 평가함

(2) 공시지가기준법「감칙 제14조 제1항」

본건이 표준지임

$73,700 \times {}^*1.03113 \times 1.000 \times 1.000 \times 1/0.85 ≒ 89,000$원/㎡

* 시점(2025.1.11.~2025.7.15. 이천시 계획관리)
  $1.02634 \times (1 + 0.00934 \times 15/30)$

(3) 원가법

1) 소지매입액

300억원

2) 조성공사비

토지에 화체되지 아니한 오폐수시설 설치비용은 구축물로 구분평가함

$2,000,000,000 \times 19$홀 $\times (1 + 0.1 + 0.1) + 1,000,000,000 ≒ 46,600,000,000$원

3) 준공 당시 적산가액

$30,000,000,000 + 46,600,000,000 ≒ 76,600,000,000$원

4) 기준시점 당시 적산가액

$76,600,000,000 \times 1.07437 ≒ 82,296,742,000$원($÷ 948,265$㎡ $≒ 87,000$원/㎡)

* 성숙도 수정
  시점수정, 2024.2.1.~2025.7.15. 이천시 계획관리
  $(1 + 0.04581 \times 335/366) \times 1.03113$

(4) 토지가액 결정

양 시산가액 유사하여 합리성 인정됨.「감칙 제12조 제2항」「감칙 제14조 제1항」의거 다음과 같이 결정함

∴ $89,000$원/㎡ $\times 948,265$㎡ $≒ 84,395,585,000$원

2. 건물

(1) 클럽하우스

조형물, 미술품 구입액 제외(동산 항목)

$1,500,000 \times 123.8/120.9 \times 49/50 \fallingdotseq 1,510,000$원/㎡($\times 2,682.6$㎡ $\fallingdotseq 4,050,726,000$원)

(2) 티하우스

$1,000,000 \times 123.8/120.9 \times 49/50 \fallingdotseq 1,000,000$원/㎡($\times 551.7$㎡ $\fallingdotseq 551,700,000$원)

(3) 합계

4,602,426,000원

3. 기타(구축물)

오폐수시설비: 3,000,000,000원

4. 개별물건기준 평가액 합

토지 + 건물 + 기타(구축물) $\fallingdotseq 91,998,011,000$원

Ⅲ. 거래사례비교법

1. 거래사례 적부

대상 골프장과 위치적·물적 유사성 높고, 회원제 골프장(19홀)인 정상적인 거래사례로 판단됨

2. 일괄비준가액

$85,500,000,000 \times 1.00 \times 1.00000 \times 1.000 \times 100/95 \times 19$홀/19홀 $\fallingdotseq 90,000,000,000$원

Ⅳ. 일괄수익환원법

$14,500,000,000 \times (1 - 0.25) \div 0.12 \fallingdotseq 90,625,000,000$원

Ⅴ. 감정평가액 결정

개별물건기준	거래사례비교법	수익환원법
91,998,011,000원	90,000,000,000원	90,625,000,000원

세 가지 시산가액 모두 유사하므로 합리성은 인정됨「감칙 제12조 제2항」. 개별물건기준 원칙에 따라 아래와 같이 결정함「감칙 제7조 제1항」

∴ 91,998,011,000원

문제 39 토지 물건별 감정평가방식(사실상 사도) [20점]

Ⅰ. 평가개요

- 평가대상: 토지
- 평가목적: 일반거래
- 기준시점: 2025.6.23. 「감칙 제9조 제2항」
- 기준가치: 시장가치 「감칙 제5조 제1항」

Ⅱ. 대상토지 감정평가액

1. 대상토지 물적특성 결정

대상토지 내 적법 건축허가서 내 토지 착공 상태로, 접면도로 4m 도로 확보를 위한 건축 후퇴선을 고려하여 대지면적 산정함. 건축후퇴선 부분은 '사실상 사도'로 인근토지 가액의 1/3 내외로 평가함

- 대지면적: 17m × 20m ≒ 340㎡
- 사실상 사도 부분(남측 및 북측): 60㎡

  이면가로획지는 각지로 판단 세각(가), 가장형, 평지 기준

2. 대지 부분

(1) 표준지 선정

2종일주, 건축허가서상 단독주택 기준 <표준지 #나> 선정(#가: 이용상황 상이)

(2) 시점수정치

2025.1.1.~2025.6.23. 영등포구, 주거지역

$1.00150 × 1.0011 × 1.00090 × 1.00085 × 1.00080 × (1 + 0.00080 × 23/31) ≒ 1.00405$

(3) 지역요인 비교치

인근지역 1.000

(4) 개별요인 비교치

98÷99 ≒ 0.990

(5) 그 밖의 요인 비교치

1) 사례 선정

2종일주, 주거용 기준 <평가사례 B> 선정(A: 이용상황 상이, C: 용도지역 상이)

2) 격차율 산정

$$\frac{4,190,000 \times {}^*1.00409 \times 1.000 \times 99/96}{3,020,000 \times 1.00405} \fallingdotseq 1.431$$

* 2025.2.5.~2025.6.23.
  $(1 + 0.00110 \times 24/28) \times 1.00090 \times 1.00085 \times 1.00080 \times (1 + 0.00080 \times 23/31)$

3) 격차율 결정

상기와 같이 산정된바, <1.43>으로 결정함

(6) 공시지가기준액

$3,020,000 \times 1.00405 \times 1.000 \times 0.990 \times 1.43 \fallingdotseq 4,290,000$원/㎡($\times 340$㎡ $\fallingdotseq 1,458,600,000$원)

3. 사실상 사도 부분

$3,020,000 \times 1.00405 \times 1.000 \times 0.990 \times 1.43 \times 1/3 \fallingdotseq 1,430,000$원/㎡($\times 60$㎡ $\fallingdotseq 85,800,000$원)

4. 대상토지 감정평가액

대지 부분 + 사실상 사도 부분 $\fallingdotseq 1,544,400,000$원

I. 평가개요

- 평가대상: 과수원
- 평가목적: 일반거래
- 기준시점: 2025.1.1. 「감칙 제9조 제2항」
- 기준가치: 시장가치 「감칙 제5조 제1항」

본건은 과수원에 대한 감정평가로서 (일괄)거래사례비교법, 개별물건기준으로 평가한 후 시산가액조정을 통해 감정평가액을 결정함

II. 거래사례비교법 「감칙 제18조」

1. 사례적부

인근지역 내 과수원 거래사례로 용도지역, 이용상황 등이 동일·유사하며 과수종 및 주수가 유사한 최근 거래사례로서 적정한 것으로 판단됨

2. 비준가액

$$1,900,000,000 \times 1.00 \times 1.00000 \times 1.000 \times 95/100 \times 9,815.2/10,224.8 ≒ 1,732,692,000원$$

III. 개별물건기준 「감칙 제7조 제1항」

1. 토지 「감칙 제14조 제1항」

(1) 표준지 선정

생산관리, 과수원, 세로(가) 기준 표준지 <#나> 선정

(#가: 이용상황 상이, #다: 이용상황 및 도로 상이)

(2) 공시지가기준액

$$135,500 \times 1.00000 \times 1.000 \times 95/100 \times 1/0.80 ≒ 161,000원/㎡ (\times 9,815.2㎡ ≒ 1,580,000,000원)$$

답안편

해커스 감정평가사 이성준 감정평가실무 2차 문제집 기초

2. 과수목

(1) 수익수(15년생, 기망가법)

향후 15년 수익 발생 기준

$$(100,000\text{-}20,000) \times \frac{1.12^{15} - 1}{0.12 \times 1.12^{15}} \times 0.95 ≒ 518,000원/주(\times 200주 ≒ 103,600,000원)$$

(2) 유령수(3년생, 비용가법)

$$(15,000 + 10,000 \times \frac{1.12^3 - 1}{0.12}) \times 0.95 ≒ 46,000원/주(\times 80주 ≒ 3,680,000원)$$

(3) 합계: 107,280,000원

3. 개별물건기준 합

토지 + 과수목 ≒ 1,687,280,000원

Ⅳ. 감정평가액 결정

비준가액: 1,732,692,000원
개별물건기준: 1,687,280,000원

상기 시산가액 모두 유사하므로, 「감칙 제12조 제2항」 합리성 인정됨. 「감칙 제18조」 의거 비준가액으로 결정함

∴ 1,732,692,000원

문제 41 복합부동산 물건별 감정평가방식 [40점]

I. 평가개요

- 평가대상: 복합부동산
- 평가목적: 일반거래(세무서 제출용)
- 기준시점: 2025.2.10. 「감칙 제9조 제2항 후단」
- 기준가치: 시장가치

II. 원가방식(개별물건기준) 「감칙 제7조 제1항」

1. 토지

(1) 대상물건 물적특성 등

대, 144.8㎡, 제2종일반주거지역, 주거용, 세로(가), 부정형, 평지, 도시계획시설도로 저촉(20%)

(2) 공시지가기준법 「감칙 제14조 제1항」

1) 표준지 선정

2종일주, 주거용, 세로(가), 면적 유사한 <#마> 선정
(#가, 나: 이용상황 상이, #라, 바: 도로 상이, #다: 면적 상이)

2) 적용 공시지가 선택

기준시점 당시 표준지공시지가 미공시되었으나, 감정평가시점 당시 공시되었는바, 기준시점 해당 연도인 2025년 표준지공시지가를 적용함 [실무기준 610.1.5.2.2]

3) 시점수정치

2025.1.1.~2025.2.10. S구 주거지역, 지가변동률
$1.00488 \times (1 + 0.00317 \times 10/28) \fallingdotseq 1.00602$

4) 지역요인 비교치: 인근지역(1.000)

5) 개별요인 비교치

$$\frac{0.8 + 0.2 \times 0.8}{1} \fallingdotseq 0.960$$

6) 그 밖의 요인 비교치

(가) 사례 선정

2종일주, 주거용, 세로(가), 기준시점 이전 사례인 <평가사례 1> 선정함
(2: 기준시점 이후 사례, 3: 이용상황 상이)

(나) 격차율 산정

$$\frac{3,370,000 \times {}^*1.00113 \times 1.000 \times 1.000}{2,380,000 \times 1.00602} ≒ 1.409$$

* 2025.2.1.~2025.2.10. S구 주거, 지가변동률

  $(1 + 0.00317 \times 10/28)$

(다) 결정

상기와 같이 산정된바, <1.40>으로 결정함

7) 공시지가기준액

$2,380,000 \times 1.00602 \times 1.000 \times 0.960 \times 1.40 ≒ 3,220,000$원/㎡

(3) 거래사례비교법 「감칙 제14조 제3항」

1) 사례 선정

토지 거래사례, 2종일주, 주거용, 세로(가) 기준 <거래사례 B> 선정

(A: 이용상황 상이, C: 도로 상이, D: 기준시점 이후 사례, E: 일괄비준가액 적용 사례, F: 거래시점 상이)

2) 거래사례 금융보정

$487,000,000 \times (0.5 + 0.5 \times MC(13\%,\ 20년) \times PVAF(12\%,\ 20년) ≒ 517,828,000$원

3) 비준가액

$$517,828,000 \times 1.00 \times {}^*1.01095 \times 1.000 \times (1.02 \times \frac{0.8 + 0.2 \times 0.8}{0.85 + 0.15 \times 0.8}) \times \frac{1}{162} ≒ 3,260,000$$원/㎡

* 24.11.23.~25.2.10.

  $(1 + 0.04595 \times 39/366) \times 1.00602$

(4) 원가법(가산법)

1) 사례 완공시점 가액(2024.9.20.)

(가) 토지 매입비의 현가

$1,950,000$원/㎡ $\times 170.5㎡ \times 1.12 ≒ 372,372,000$원

(나) 조성공사비 등의 현가

$(5,000,000 + 100,000,000 \times 1.15) ÷ 3 \times FVAF(4\%,\ 3회) ≒ 124,864,000$원

(다) 완공시점 가액

기부채납 면적 10㎡ 제외

매입비 현가 + 조성비 현가 ≒ 497,236,000원

(÷160.5㎡ ≒ 3,098,000원/㎡)

2) 기준시점 대상토지가액(2025.2.10.)

$$3,098,000 \times 1.00 \times {}^*1.01903 \times 1.000 \times (1.04 \times \frac{0.8 + 0.2 \times 0.8}{1}) \fallingdotseq 3,150,000원/㎡$$

* 2024.9.20.~2025.2.10. S구 주거, 지가변동률

   $(1 + 0.04595 \times 103/366) \times 1.00602$

(5) 대상토지가액 결정

공시지가기준액: 3,220,000원/㎡

비준가액: 3,260,000원/㎡

적산가액: 3,150,000원/㎡

상기 시산가액 모두 유사하므로, 「감칙 제12조 제2항」 합리성 인정됨. 「감칙 제14조 제1항」 의거 공시지가기준액으로 결정함

∴ 3,220,000원/㎡ × 144.8㎡ ≒ 466,256,000원

2. 건물

(1) 원가법 「감칙 제15조 제1항」

연와조, 주거용, 3급 기준, 연면적 250.91㎡

$$850,000 \times \frac{6}{40} \fallingdotseq 128,000원/㎡$$

(2) 거래사례비교법 「감칙 제12조 제1항」

1) 사례 선정

구조, 용도, 규모, 사용승인 유사한 <거래사례 C> 선정

2) 대상건물 비준가액

$$670,000,000 \times 0.06 \times 1.00000 \times 0.95 \times \frac{6/40}{7/40} \times \frac{1}{249.4} \fallingdotseq 131,000원/㎡$$

(3) 대상 건물가액 결정

적산가액: 128,000원/㎡

비준가액: 131,000원/㎡

상기 시산가액 모두 유사하므로, 「감칙 제12조 제2항」 합리성 인정됨. 「감칙 제15조 제1항」 의거 적산가액으로 결정함

∴ 128,000원/㎡ × 250.91㎡ ≒ 32,116,000원

3. 대상 복합부동산 적산가액(개별물건기준 합)

토지 + 건물 ≒ 498,372,000원

Ⅲ. 비교방식(일괄거래사례비교법)「감칙 제7조 제2항」

1. 사례 선정

2종일주, 주거용, 세로(가), 연와조, 규모 등이 유사한 <거래사례 E> 선정

2. 시점수정

2025.1.16.~2025.2.10. 자본수익률

$(1 + 0.02 \times 26/90) \fallingdotseq 1.00578$

3. 일체비준가액

$535,000,000 \times 1.00 \times 1.00578 \times 1.040 \times 1.00 \times \dfrac{144.8}{161.7} \fallingdotseq 501,127,000원$

Ⅳ. 대상 복합부동산 감정평가액 결정

원가방식: 498,372,000원

비교방식: 501,127,000원

상기 시산가액 모두 유사하므로,「감칙 제12조 제2항」합리성 인정됨.「감칙 제7조 제1항」의거 적산가액(개별물건기준 합)으로 결정함

∴ 498,372,000원

문제 42 구분건물 3방식 물건별 감정평가방식 [40점]

Ⅰ. 평가개요

- 평가대상: 구분소유권
- 기준시점: 2025.7.1. 「감칙 제9조 제2항」 후단」
- 기준가치: 시장가치

Ⅱ. 층별·호별 효용비, 효용비율 산정

1. 층별효용비, 효용비율

각 층 전유면적 동일하여 효용적수 미고려함

층	임대료 합	효용비	효용비율
1	11,850,000	100	19.46%
2	10,005,000	84	16.34%
3	7,880,000	66	12.84%
4	7,880,000	66	12.84%
5	7,880,000	66	12.84%
6	7,880,000	66	12.84%
7	7,880,000	66	12.84%
합계		514	100%

2. 호별효용비, 효용비율

호별	전유면적(㎡)	임대료(천원)	효용비	효용적수	효용비율
1	300	7,800	100	30,000	29.69%
2	270	7,500	96	25,920	25.65%
3	370	9,500	122	45,140	44.67%
합계				101,060	100%

Ⅲ. 거래사례비교법 「감칙 제16조」

1. 사례 선정

본건 소재 건물 내 거래사례인 <거래사례 1> 선정
(사례 2: 1층 소재)

2. 대상 5층 1호 비준가액

$330,000,000 \times 1.00 \times {}^*1.01638 \times 1.000 \times (\underset{층}{1.00} \times \underset{호}{100/96} \times \underset{면}{300/270}) \fallingdotseq 388,200,000$원

* 2025.4.1.~2025.7.1. 자본수익률(집합상가)

$(1 + 0.065 \times 92/365)$

Ⅳ. 원가법

1. 대상 전체 부동산 가액 (개별물건기준 합) 「감칙 제7조 제1항」

(1) 토지(공시지가기준법) 「감칙 제14조 제1항」

1) 표준지 선정

일반상업지역, 상업용, 노선상가지대 기준 <표준지 #2> 선정 (#1: 이용상황 상이, #3: 주위환경 상이)

2) 공시지가기준액

$2,950,000 \times {}^*1.05095 \times 1.000 \times 100/98 \times 1/0.8 \fallingdotseq 3,950,000$원/㎡

$(\times 1,260㎡ \fallingdotseq 4,977,000,000$원$)$

* 2025.1.1.~2025.7.1. 상업지역

$1.02 \times 1.03 \times (1 + 0.03 \times 1/91)$

(2) 건물 「감칙 제15조 제1항」

$1,200,000 \times 100/98 \times 25/50 \fallingdotseq 612,000$원/㎡

$(\times 8,000㎡ \fallingdotseq 4,896,000,000$원$)$

(3) 대상 전체 부동산 가액

토지 + 건물 $\fallingdotseq 9,873,000,000$원

2. 대상 5층 1호 적산가액

$9,873,000,000 \times \underset{층별효용비율}{0.1284} \times \underset{호별효용비율}{0.2969} \fallingdotseq 376,378,000$원

V. 수익환원법

1. 대상 순수익

[12,000 × (12 + 12 × 0.02) × 300 + 1,000,000] × (1-0.05) × (1-0.15) ≒ 36,389,000원

2. 환원율 산정

(1) 요소구성법

3 + 3 + 2 + 2-2 ≒ 8%

(2) 부채감당법

1.08 × 0.6 × MC(9%, 10) ≒ 10.10%

(3) 결정(평균): 9.05%

3. 대상 5층 1호 수익가액

순수익÷환원율 ≒ 383,044,000원

VI. 대상 5층 1호 감정평가액 결정

비준가액: 388,200,000원
적산가액: 376,378,000원
수익가액: 383,044,000원

상기와 같이 시산가액 유사한바, 「감칙 제12조 제2항」 의거 합리성 인정됨. 「감칙 제16조」 의거 비준가액으로 결정함

∴ 388,200,000원

문제 43 기계기구 물건별 감정평가방식 [20점]

I. 평가개요

- 평가대상: 기계
- 평가목적: 담보평가
- 기준시점: 2025.7.1. 「감칙 제9조 제2항 후단」

II. 과잉유휴기계 판단

기호 1 기계는 1일 대당 3,000개 기준 5대로 1일 총 제작 가능한 개수는 15,000개임. 따라서, 기호 2 기계의 적정보유 대수는 3대(15,000개 ÷ 5,000개 = 3대)이며, 과잉유휴기계는 3대임

III. 기계기구 평가액

1. 기호 1

신고일 기준 5년 경과, 경제적 내용연수 기준함

기계만의 담보평가로 설치비는 미고려함

$150,000,000 \times 0.15^{5/15} \fallingdotseq 79,700,000$원/대

(× 5대 ≒ 398,500,000원)

2. 기호 2

신고일 기준 1년 경과, 경제적 내용연수 기준함

담보목적 고려하여 과잉유휴기계는 감정평가 제외함

$100,000,000 \times 0.10^{1/15} \fallingdotseq 85,800,000$원/대

(× 3대 ≒ 257,400,000원)

Ⅰ. 평가개요

- 대상: 도입기계
- 목적: 담보
- 기준시점: 2025.7.1.「감칙 제9조 제2항」
- 기준가치: 시장가치「감칙 제5조 제1항」

Ⅱ. 도입기계 감정평가액

1. 재조달원가(신고일자 기준)

(1) CIF 기준가액

$$100,000\$ \times \underset{\$ \to ¥}{104.721} \times \underset{\text{기계가격보정지수}}{1.0347} \times \underset{¥ \to 원}{1,020.79/100} \fallingdotseq 110,608,000원$$

(2) 부대비용

기계만의 담보평가로 설치비 미고려, 세율 등은 현행기준

$$110,608,000 \times (0.05 \times 0.6 + 0.05 \times 0.4 \times 0.2 + 0.03) \fallingdotseq 7,079,000원$$

(3) 합계

CIF 기준가액 + 부대비용 = 117,687,000원

2. 적산가액

신고일자 기준

$$117,687,000원 \times 0.1^{\frac{4}{15}} \fallingdotseq 63,689,000원$$

문제 45 임대료 물건별 감정평가방식(복합부동산) [20점]

Ⅰ. 평가개요

- 대상: 임대료
- 목적: 소송평가
- 기준시점: 2025.8.31. (임대개시시점)

Ⅱ. 임대사례비교법 「감칙 제22조」

1. 사례 적정성 여부

본건과 동일 소재지인 P동 소재, 동일 접면도로, 주상용, 임대면적 유사, 통상적인 임대료 수준인바, 적정한 것으로 판단됨

2. 사례 (신규)실질임료

$20,000,000 \times 12 + 200,000,000 \times 0.03 ≒ 246,000,000$원

3. 대상 비준임료

$246,000,000 \times 1.00 \times 1.00000 \times 1.000 \times 110/100 \times \underset{\text{임대면적}}{1,100/950} \times 1.00 ≒ 313,326,000$원

Ⅲ. 적산법

1. 기초가액(시장가치 기준)

(1) 토지 「감칙 제14조 제1항」

일반상업, 주상용 기준 <#2> 선정(#1, 3: 용도지역 상이, #4: 이용상황 상이)

$5,480,000 \times {}^{*}1.01366 \times 1.000 \times 100/102 \times 1.00 ≒ 5,450,000$원/㎡($\times 500$㎡ $≒ 2,725,000,000$원)

   * 2025.1.1.~2025.8.31. 상업
     1.01021×1.00342

(2) 건물 「감칙 제15조 제1항」

$2,900,000 \times 121/400 \times (120 + 2 \times 3/12)/100 \times 35/50 ≒ 740,000$원/㎡($\times 1,100$㎡ $≒ 814,000,000$원)

(3) 기초가액

토지 + 건물 $≒ 3,537,000,000$원

2. 기대이율(대체투자수익률 등 개별성 반영)

상각 후 기준 <7%> 결정

3. 필요제경비

$$3,537,000,000 \times 0.07 \times 0.2 + \underset{\text{감가상각비}}{\underline{814,000,000 \times 1/35}} \fallingdotseq 72,775,000원$$

4. 대상 적산임료

$$\underset{\text{기초가액}}{\underline{3,537,000,000}} \times \underset{\text{기대이율}}{0.07} + \underset{\text{필 · 제}}{\underline{72,775,000}} \fallingdotseq 320,365,000원$$

Ⅳ. 대상 임대료 결정

상기와 같이 비준임료 및 적산임료 양자 모두 유사한바, 「감칙 제12조 제2항」합리성 인정됨. 「감칙 제22조」 및 기대이율에 대한 주관개입 가능성 등을 고려하여 비준가액으로 결정함

∴ 313,326,000원

Ⅰ. 평가개요

- 대상: (구분층)임대료(4층)
- 목적: 일반거래(시가참조용)
- 기준시점: 2025.6.24. 「감칙 제9조 제2항」

Ⅱ. 층별효용비 및 층별효용비율

최근 업무시설 분양자료 기준(1층 100 기준)

층	전유부분(㎡)	분양가(원/㎡)	효용비	효용적수	효용비율
1	175	18,000	100	17,500	0.265
2	175	9,000	50	8,750	0.132
3	210	8,100	45	9,450	0.143
4	210	7,200	40	8,400	0.127
5	245	6,300	35	8,575	0.130
6	245	6,300	35	8,575	0.130
7	140	6,300	35	4,900	0.074
합계	1,400			66,150	1.000

Ⅲ. 비준임료 「감칙 제22조」

1. 사례 적부 및 실질임료

업무용, 임대면적 유사, 유사 층 소재 최근 임대사례로 위치적·물적 유사성 인정되어 적정함

$3,560,000 \times (12 + 10 \times 0.03) ≒ 43,800,000$원

2. 대상 비준임료

$43,800,000 \times 1.00 \times \underset{\text{임료지수}}{\underline{102/100}} \times (0.6 \times 100/100 + 0.4 \times 100/98) \times \underset{\text{층별효용비}}{\underline{40/45}} \times \underset{\text{임대면적}}{\underline{300/250}} ≒ 48,043,000$원

IV. 적산임료

1. 토지·건물 기초가액 「감칙 제7조 제1항」

(1) 토지 「감칙 제14조 제1항」

준주거, 소로한면, 업무용 기준 <#3> 선정(#1: 주상용, #2: 용도 상이)

$6,200,000 \times 1.01535 \times 1.000 \times 100/102 \times 1.00 \fallingdotseq 6,170,000$원/㎡(× 500㎡ ≒ 3,085,000,000원)

* 2025.1.1.~2025.6.24. 주거
  $1.01265 \times (1 + 0.00345 \times 24/31)$

(2) 건물 「감칙 제15조 제1항」

3급, 표준적 건축비 적용

$1,200,000 \times 102/100 \times 100/103 \times 35/50 \fallingdotseq 832,000$원/㎡(× 2,300㎡ ≒ 1,913,600,000원)

(3) 기초가액

(토지 + 건물) × 0.127 ≒ 634,949,000원
　　　　　4층 층별효용비율

2. 필요제경비

$\underset{\text{감상비}}{1,913,600,000} \times 0.127 \times \underset{\text{층별효용비율}}{1/35} + 634,949,000 \times (0.04 + 0.015) \times \underset{\text{필요제경비}}{0.15} \fallingdotseq 12,182,000$원

3. 적산임료

$634,949,000 \times 0.055 + 12,182,000 \fallingdotseq 47,104,000$원

V. 대상 4층 임대료 결정

상기와 같이 산정된 바, 「감칙 제12조 제2항」 합리성 인정됨. 구분건물의 임대사례로 물적 유사성이 큰 비준임료, 일반임료 산정 목적 및 「감칙 제22조」 고려 비준임료로 결정함

∴ 48,043,000원

문제 47 공장 물건별 감정평가방식 [30점]

Ⅰ. 평가개요

- 대상: 공장
- 목적: 일반거래(시가참조)
- 기준시점: 2025.6.24. 「감칙 제9조 제2항」
- 기준가치: 시장가치 「감칙 제5조 제1항」

Ⅱ. 물음 1, 개별물건기준 합 「감칙 제7조 제1항」 「감칙 제19조 제1항」

1. 토지

(1) 공시지가기준법 「감칙 제14조 제1항」

일반공업, 공업용 D동 소재 기준 <#2> 선정(#1: 준공업, #3: H동, 전 이용, #4: H동 소재)

$1,950,000 \times 1.0000 \times 1.000 \times 1.000 \times 1.00 ≒ 1,950,000$원/㎡

(2) 거래사례비교법 「감칙 제14조 제3항」

1) 사례 선정

일반공업, 공업용 고려 <B> 선정(A: 준공업)

2) 거래가액 보정

$4,750,000,000 \times (0.1 + 0.4/1.005 + 0.5/1.005^2) ≒ 4,716,974,000$원

3) 대상 비준가액

$4,716,974,000 \times 0.6 \times 1.00 \times 1.0000 \times 1.000 \times 1.000 \times 1/1,400 ≒ 2,022,000$원/㎡

(3) 토지가액 결정

양자 유사한바, 「감칙 제12조 제2항」 합리성 인정. 일반거래 목적 등을 고려하여 시장성을 반영하여 아래와 같이 결정함

∴ $2,000,000$원/㎡ × 1,700㎡ ≒ 3,400,000,000원

2. 건물 「감칙 제15조 제1항」

준공 당시 장부가액(직접법) 사정개입으로 제외, 표준적 건축비 적용

$$\underset{\text{공장}}{615,000 \times 800 \times 23/35} + \underset{\text{사무실}}{900,000 \times 200 \times 33/45} + \underset{\text{기숙사}}{1,100,000 \times 200 \times 33/43} ≒ 624,151,000원$$

3. 기계(원가법)

(1) 과잉유휴기계 판단

1) 성형기

2,000 × 12대 = 24,000개

2) 조형기

3,000 × 8대 = 24,000개(2대 과잉설비)

3) 검사기

4,000 × 6대 = 24,000개

(2) 적정기계 적산가액

$[12,000,000 \times 12대 + 10,000,000 \times 8대] \times 0.1^{\frac{2}{15}} + 15,000,000 \times 6대 \times 0.15^{\frac{2}{15}} ≒ 234,670,000원$

(3) 과잉유휴기계 처분가액

$10,000,000 \times 2 \times 0.1^{\frac{2}{15}} \times 0.25 ≒ 3,678,000원$

(4) 계

238,348,000원

4. 개별물건기준 합

토지 + 건물 + 기계 ≒ 4,262,499,000원

Ⅲ. 물음 2. 일체수익가액 「감칙 제7조 제2항」

1. 대상 공장 상각전 순수익

8,000,000개 × 500원 × (1 - 0.85) ≒ 600,000,000원

2. 상각전 환원율

공장 잔존내용연수 23년 기준, 회수율 직선법 적용

0.1 + 1/23 ≒ 0.14348

3. 일체수익가액

상각전 순수익 ÷ 상각전 환원율 ≒ 4,181,767,000원

Ⅳ. 대상 공장 감정평가액 결정

과잉유효기계 제외 개별물건 합: 4,258,821,000원
일체수익 가액: 4,181,767,000원

양자 양 2% 차이로「감칙 제12조 제2항」합리성 인정됨. 본건 공장의 필름 판매단가 및 매출원가, 환원율의 변동성과「감칙 제7조 제1항」「감칙 제19조 제1항」을 고려하여 아래와 같이 결정함

∴ 4,262,499,000원

I. 평가개요

- 대상: 기업가치 및 영업권
- 목적: 일반거래(시가참조)
- 기준시점: 2025.6.30. 「감칙 제9조 제2항」
- 기준가치: 공정가치

II. 영업관련 기업가치 「감칙 제24조 제3항」

1. 고속성장기 FCFF 등

(1) FCFF(단위: 백만원)

구분	1	2	3	4	5
EBIT	1,575	1,654	1,736	1,823	1,914
EBIT × (1-0.35)	1,024	1,075	1,129	1,185	1,244
감가상각비			50		
(자본적지출)	150	150	150	**-	-
*(순운전자본증가)	83	87	91	96	100
FCFF	840	887	937	1,139	1,194

* 매출액 × 0.15 × 0.05 × 1.05^n
** 상쇄분인식

(2) WACC(가중평균자본비용)

1) Ke(자기자본비용)

$0.07 + 1.20 × (0.1-0.07) + 0.02 ≒ 0.1260$
　　　　　　　　　　　　대상기업위험

2) Kd(타인자본비용)

$0.12 × (1 - 0.35) ≒ 0.0780$

3) WACC

$0.7 × Ke + 0.3 × Kd ≒ 0.1116$

2. 안정성장기 FCFF 등

(1) FCFF

$$\underset{\text{5기 EBIT}}{\underline{1,914,000,000 \times 1.02 \times (1-0.35)}} - 11,000,000,000 \times \underset{\text{순운전자본 증가분}}{\underline{(1.05^5 \times 1.02 - 1.05^5) \times 0.1}} \fallingdotseq 1,241,000,000원$$

(2) WACC

1) Ke

$$0.07 + 1.10 \times (0.1-0.07) + 0.02 \fallingdotseq 0.1230$$

2) Kd

$$0.1 \times (1 - 0.35) \fallingdotseq 0.0650$$

3) WACC

$$0.8 \times Ke + 0.2 \times Kd \fallingdotseq 0.1114$$

3. 영업관련기업가치

$$\underset{\text{고속성장기}}{\underline{\sum_{n=1}^{5} \frac{FCFF_n}{1.1116^n}}} + \underset{\text{안정성장기}}{\underline{\frac{1,241백만원}{0.1114 - 0.02}}} \times \frac{1}{1.1116^5} \fallingdotseq 11,605,027,000원$$

Ⅲ. 영업권

1. 처리방침

'영업관련 기업가치 − 영업투하자본'으로 산정함

2. 영업투하자본

(1) 영업자산(투자유가증권 제외, 유형자산은 감정평가액 기준)

$$\underset{\text{유동자산}}{\underline{4,000,000,000}} + (\underset{\text{토지}}{\underline{4,500,000,000}} + \underset{\text{건물}}{\underline{1,800,000,000}} + \underset{\text{기계기구}}{\underline{700,000,000}}) \fallingdotseq 11,000,000,000원$$

(2) 영업부채

1,000,000,000원

(3) 영업투하자본

영업자산 − 영업부채 ≒ 10,000,000,000원

3. 영업권 평가액

영업관련 기업가치-영업투하자본 ≒ 1,605,027,000원

Ⅰ. 평가개요

- 대상: 비상장주식
- 목적: 일반거래(시가참조)
- 기준시점: 2025.12.31. 「감칙 제9조 제2항」
- 기준가치: 시장가치 「감칙 제5조 제1항」
  (주)백두산의 비상장주식을 순자산가치법으로 산정함

Ⅱ. (주)백두산 유·무형의 자산가치 「감칙 제24조 제1항 제2호」

1. 유동자산

6,000,000,000원

2. 비유동자산(기준시점 당시 시장가치 기준)

(1) 투자자산

$1,000,000,000 \times 0.75 ≒ 750,000,000$원

(2) 유형자산

1) 토지 「감칙 제14조 제1항」

일반공업, 공업용, 소로한면 기준 <#3> 선정
(#1, 2: 도로 상이, #4: 면적 상이)
$3,750,000 \times 1.00232^{12} \times 1.000 \times 1.000 \times 1.00 ≒ 3,856,000$원/㎡($\times 1,000$㎡ ≒ 3,856,000,000원)

2) 건물 「감칙 제15조 제1항」

$$\underbrace{850,000 \times 26/35 \times 800}_{1동} + \underbrace{920,000 \times 38/45 \times 400}_{2동} ≒ 815,898,000원$$

3) 기계(감정평가액 기준)

292,864,000원

4) 무형자산

$1,000,000,000 \times 9/10 ≒ 900,000,000$원

5) 계

6,614,762,000원

3. (주)백두산 유·무형의 자산가치

유동자산 + 비유동자산 ≒ 12,614,762,000원

Ⅲ. (주)백두산의 부채가치

유동부채 + 비유동부채 ≒ 5,000,000,000원

Ⅳ. 비상장주식 감정평가액

($\underset{\text{자산가치}}{\underline{12,614,762,000}}$ - $\underset{\text{부채가치}}{\underline{5,000,000,000}}$) ÷ 1,000,000주 ≒ 7,615원/주(× 20,000주 ≒ 152,300,000원)

문제 50 비상장주식 물건별 감정평가방식(기업가치법) [20점]

I. 평가개요

- 대상: 비상장주식
- 목적: 공매
- 기준시점: 2025.12.31. 「감칙 제9조 제2항」
- 기준가치: 시장가치 「감칙 제5조 제1항」
  (주)S전구의 비상장주식을 기업가치법을 적용하여 산정함

II. ㈜S전구 기업가치 「감칙 제24조 제3항」

1. 고속성장기 FCFF 등

(1) FCFF(단위: 천원)

구분	1	2	3	4	5
EBIT	648,000	699,840	755,827	816,293	881,596
EBIT × (1-0.35)	421,200	454,896	491,287	530,590	573,037
감상비			100,000		
(자본적지출)	162,000	174,960	121,305	204,073	220,399
*(순운전자본증가)	112,320	121,305	121,305	141,490	152,810
FCFF	246,880	258,630	121,305	285,026	299,828

* $6{,}500{,}000{,}000 \times 0.2 \times 0.08 \times 1.08^n$

(2) WACC

$[0.065 + 1.20 \times (0.11 - 0.065)] \times 0.6 + 0.09 \times (1 - 0.35) \times 0.4 \fallingdotseq 0.0948$

2. 안정성장기 FCFF, WACC

(1) FCFF

$\underset{\text{5기 EBIT}}{\underline{881{,}596{,}000}} \times 1.04 \times (1-0.35) - 6{,}500{,}000{,}000 \times (1.08^5 \times 1.04 - 1.08^5) \times 0.2 \fallingdotseq 519{,}554{,}000$원

(2) WACC

$[0.065 + 1.05 \times (0.11-0.065)] \times 0.8 + 0.07 \times (1 - 0.35) \times 0.2 \fallingdotseq 0.0989$

3. 기업가치

$$\sum_{n=1}^{5}\underbrace{\frac{FCFF_n}{1.0948^n}}_{\text{고속성장기}}+\underbrace{\frac{519,554천원}{0.0989-0.04}\times\frac{1}{1.0948^5}}_{\text{안정성장기}}\fallingdotseq 6,743,829,000원$$

Ⅲ. 甲씨 소유 비상장주식가치

$(\underbrace{6,743,829,000}_{\text{기업가치}}-\underbrace{1,400,000,000}_{\text{부채가치}})\div 800,000주 \fallingdotseq 6,930원/주(\times 15,000주 \fallingdotseq 103,950,000원)$

Ⅰ. 평가개요

- 대상: (오염)토지 「감칙 제25조」
- 목적: 소송평가
- 기준시점: 2025.7.1. 「감칙 제9조 제2항」
- 기준가치: 시장가치 「감칙 제5조 제1항」

Ⅱ. 원가방식

1. 정상 토지 가액 「감칙 제14조 제1항」

일반상업, 상업용, 광대 기준 <#2> 선정(#1: 도로 상이, #3: 이용상황 상이)

$9{,}100{,}000 \times 1.0000 \times 1.000 \times 1.100 \times 1.00 ≒ 10{,}0000{,}000$원/㎡(× 1,000㎡ ≒ 10,000,000,000원)

2. 가치하락분(원가법 적용)

(1) 복구비용(10기 적용)

$$50{,}000{,}000 \times \frac{1 - (\frac{1.02}{1.08})^{10}}{0.08 - 0.02} ≒ 362{,}808{,}000원$$

(2) 관리비용

$3{,}000{,}000 \times PVAF(10기, 8\%) ≒ 20{,}130{,}000$원

(3) 원상회복 불가능 부분(영구환원)

$4{,}000{,}000 \times 12 / (0.13 - 0.03) ≒ 480{,}000{,}000$원

(4) 스티그마

1) 감가율

$(7{,}425/8{,}500 + 7{,}557/8{,}750 + \cdots 6{,}850/7{,}942)/8 ≒ 0.8624$

∴감가율 평균 <13.76%>

2) 스티그마

$10{,}000{,}000{,}000 \times 0.1376 ≒ 1{,}376{,}000{,}000$원

(5) 계: 2,238,938,000원

해커스 감정평가사 이성준 감정평가실무 2차 문제집 기초

3. 오염 토지 적산가액

정상 토지가액 - 가치하락분 ≒ 7,761,062,000원(÷1,00㎡ ≒ 7,760,000원/㎡)

Ⅲ. 수익방식

1. 오염 상태 전체 부동산 수익가액

270,000 × 6,700 × (1 - 0.05 - 0.2) ÷ 0.1 ≒ 13,567,500,000원

2. 건물

850,000 × 6,700㎡ ≒ 5,695,000,000원

3. 오염 토지 수익가액

전체 부동산가액 - 건물 ≒ 7,872,500,000원(7,872,000원/㎡)

Ⅳ. 오염 토지 가액 결정

상기와 같이 양 시산가액 유사한바, 「감칙 제12조 제2항」 합리성 인정. 복구비용 및 스티그마 가치하락분을 보다 구체적으로 산정한 원가방식 및 「감칙 제25조」 등을 고려하여, 아래와 같이 적산가액으로 결정함

∴ 7,761,062,000원(7,761,000원/㎡)

Ⅰ. 평가개요

- 대상: 권리금
- 목적: 소송평가
- 기준시점: 2025.6.30.(임대차 종료시점)
- 기준가치: 시장가치 「감칙 제5조 제1항」

Ⅱ. 유·무형재산의 합(개별물건 기준, 실무기준)

1. 유형재산

임차인 소유인바, 평가대상임

$$\underbrace{(12,000,000 + \underbrace{35,000,000)}_{\text{인테리어}} \times 3/8 + \underbrace{150,000 \times 5 + 300,000 \times 3}_{\text{비품}} ≒ 19,275,000원}_{}$$
가판대

2. 무형재산

(1) 1기 무형재산 귀속이익

자가인건비는 비용으로 차감

$$(160,000,000 - 2,000,000 \times 12) \times \underbrace{1.03}_{\text{1기 보정 귀속비율}} \times 0.1 ≒ 14,008,000원$$

(2) 할인율

$$[0.07 + (0.02 + 0.10)] \div 2 ≒ 0.095$$

(3) 할인기간

「상가건물 임대차보호법」 10년 기준, 경과연수 5년으로 할인기간 잔존기간인 5년으로 결정함

(4) 무형재산 평가액

$$14,008,000 \times \frac{1 - (\frac{1.03}{1.095})^5}{0.095 - 0.03} ≒ 56,807,000원$$

3. 유·무형재산 합

유형재산 + 무형재산 ≒ 76,082,000원

Ⅲ. 거래사례비교법

동종사업, 규모 등 유사, 유·무형재산 일체 거래사례로 적정함. 시설조건 고려함

$$74,000,000 \times 1.00 \times 1.0000 \times 1.00 \times (\underbrace{100/98}_{\text{입지}} \times \underbrace{100/102}_{\text{영업}} \times \underbrace{100/97}_{\text{시설}} \times \underbrace{1.00}_{\text{기타}}) ≒ 76,319,000원$$

Ⅳ. 권리금 평가액 결정 및 손해배상액

1. 권리금 평가액

개별물건기준: 76,082,000원
비준가액: 76,319,000원

양자 유사한바, 「감칙 제12조 제2항」 합리성 인정, 실무기준 및 권리금 성격 등을 고려하여 개별물건기준
가액으로 결정함
∴ 76,082,000원

2. 손해배상액

신규 임차인 제시액: 78,000,000원
∴ 76,082,000원으로 결정함

Ⅰ. 평가개요

- 대상: 구분지상권
- 목적: 일반거래
- 기준시점: 2025.6.24. 「감칙 제9조 제2항」
- 기준가치: 시장가치 「감칙 제5조 제1항」
  정상 토지가액에 입체이용저해율을 적용하여 구분지상권 가액을 산정함

Ⅱ. 정상 토지 가액

1. 공시지가기준법 「감칙 제14조 제1항」

일반상업, 광대 기준 <#1> 선정(#2: 기존상가 지대, #3: 도로 상이)

$12,520,000 \times {}^*1.02449 \times 1.000 \times 1.000 \times 1.00 ≒ 12,800,000$원/㎡

* 2025.1.1.~2025.6.24. 상업지역
  $1.02021 \times (1 + 0.00542 \times 24/31)$

2. 거래사례비교법 「감칙 제14조 제3항」

(1) 사례 선정

일반상업, 토지 배분 가능한 <B> 선정(A, C, D: 토지 배분 불가)

$(5,900,000,000 + \underset{\text{철거비}}{\underline{100 \times 30,000}}) \times 1.00 \times {}^*1.02422 \times 1.000 \times 100/97 \times 1/480 ≒ 13,000,000$원/㎡

* 2025.1.3.~2025.6.24. 상업지역
  $(1 + 0.02021 \times 149/151) \times (1 + 0.00542 \times 24/31)$

3. 결정

양자 모두 유사한바, 「감칙 제12조 제2항」 합리성 인정, 일반거래 목적 및 시장성 고려하여 비준가액 기준으로 결정함

∴ $13,000,000$원/㎡ $\times 450$㎡ ≒ $5,850,000,000$원

해커스 감정평가사 이성준 감정평가실무 2차 문제집 기초

Ⅲ. 입체이용저해율

1. 저해층수 산정

최고 층수 18층(900%/50% = 18) 고층시가지 기준, PD-2 기준 토지 15m인바, 건축 가능 층수는 '지하 2층~지상 15층'임

∴ 저해층수는 '지하 3층, 지상 16층 ~ 18층'임

2. 건물 등 이용저해율

임대료 차이 고려, 고층시가지 A형 기준

$$\frac{35 + 35 \times 3}{35 \times 2 + 44 + 100 + 58 + 46 + 40 + 35 \times 16} \fallingdotseq 0.15251$$

3. 지하 이용저해율

고층시가지, 토피 15m ∴ 0.625

4. 그 밖의 이용저해율

건물 및 지하부분 이용 저해인 바, 그 밖의 이용률 적용 ∴ 0.05

5. 입체이용저해율

최유효이용과 유사한 이용상태로, '노후율' 적용함. 5년 경과

$$\underbrace{(0.8 \times 0.15251}_{건물} + \underbrace{0.15 \times 0.625)}_{지하} \times \underbrace{5/50}_{노후율} + \underbrace{0.05}_{그\ 밖} \fallingdotseq 0.0716$$

Ⅳ. 구분지상권 감정평가액

정상 토지가액 × 입체이용저해율 ≒ 418,860,000원

Ⅰ. 평가개요

본건은 대상부동산의 최유효이용을 판정하고, 시장가치를 산정함 <기준시점: 2025.7.4.>
「감칙 제9조 제2항」

Ⅱ. 최유효이용 판정

1. 처리방침

개발 후 부동산가치에서 건물가치(개발비용)를 차감한 토지가치를 기준으로 최유효이용을 판정함

2. 대상 대지 면적 등

건축을 위한 4m 도로 확보, 2m 건축후퇴선 고려하여 대지면적 결정함
- 대지면적: (30m-2m) × 50m ≒ 1,400㎡
- 건축면적: 840㎡

3. 물리적·법적 타당성

토지 패턴 및 인근지역 개황, 공법상 제한 고려 타당함

4. 업무용 토지가치

(1) 개발 후 가치

1) NOI

$$10,000 × (12 + 10 × 0.025) × 840㎡ × 0.8 × (1 - \underset{\text{공실}}{0.07} - \underset{\text{OE}}{0.15}) ≒ 64,210,000원$$

2) 개발 후 업무용 부동산 가치

$NOI ÷ 0.08 ≒ 802,625,000원$

(2) 건물가치(개발비용)

$270,000 × 840㎡ ≒ 226,800,000원$

(3) 업무용 토지가치

개발 후 부동산가치 − 건물가치 ≒ 575,825,000원

5. 상업용 토지가치

(1) 개발 후 가치

1) NOI

$9,000 \times (12 + 12 \times 0.025) \times 840㎡ \times 0.8 \times 0.95 \times 0.9 ≒ 63,604,000$원

2) 개발 후 상업용 부동산 가치

NOI ÷ 0.07 ≒ 908,629,000원

(2) 건물가치(개발비용)

$370,000 \times 840㎡ ≒ 310,800,000$원

(3) 상업용 토지가치

개발 후 부동산가치 − 건물가치 ≒ 597,829,000원

6. 최유효이용 결정

토지의 최고가치를 부여하는 <상업용>으로 결정

∴ 597,829,000원 ÷ 1,400㎡ ≒ 427,000원/㎡

> **Tip** 건축한계선 부분인 100㎡ 포함 여부는 별론으로 함(사실상 사도 논의)

Ⅲ. 시장가치 산정

1. 공시지가기준법 「감칙 제14조 제1항」

(1) 표준지 선정

일반상업, 상업용, 세로(가) 기준 <#2> 선정(#1, 3: 도로 상이)

(2) 시점수정(2025.1.1~2025.7.4. 상업)

$1.05371 \times (1 + 0.01325 \times 4/30) ≒ 1.05557$

(3) 그 밖의 요인

일상, 상업용, 세로(가), 일반거래 목적 고려 <B> 선정(A, C: 도로 상이)

$$\frac{420,000 \times {}^*1.04636 \times 1.000 \times 101/105}{285,000 \times 1.05557} ≒ 1.405$$

* 2025.2.1.~2025.7.4.
$(1 + 0.05371 \times 150/181) \times (1 + 0.01325 \times 4/30)$

∴ <1.40> 결정

(4) 공시지가기준액

$285,000 \times 1.05557 \times 1.00 \times 100/101 \times 1.40 ≒ 417,000$원/㎡

2. 시장가치 결정(대지부분)

수익가액: 427,000원/㎡
공시지가기준액: 417,000원/㎡

상기와 같이 산정된 바, 「감칙 제12조 제2항」 합리성 인정됨. 본건 수익용 부동산으로 개발업자의 최유효이용 판정 및 개발 타당성 판단을 위한 감정평가임을 감안하여 수익가액으로 결정함

427,000원/㎡ × 1,400㎡ ≒ 597,800,000원

3. 사실상 사도 부분

427,000 × 1/3 ≒ 142,000원/㎡(×100㎡ ≒ 14,200,000원)

4. 전체 토지 감정평가액

대지부분 + 사실상 사도 부분 ≒ 612,000,000원

Ⅰ. 평가개요

본건은 복합부동산의 최유효이용분석 및 시장가치 산정의 감정평가임 <기준시점: 2025.7.1.>
「감칙 제9조 제2항」

Ⅱ. 물음 1. 개발타당성 검토

1. 물리적·법적 타당성, 지역개황

① 인근지역 상업지대로 주거기능 쇠퇴 고려, 일부 아파트 개발계획인 <개발계획안 2> 제외 ② 연암 및 건
축물 최고높이 등 고려 <개발계획안 1, 3>은 물리적·법적 타당성 인정됨

2. 개발계획안 1(업무용)

(1) 개발 후 부동산 가치

$2,700,000,000 \times 1/1.01^{10} ≒ 2,444,000,000$원

(2) 개발비용

$$\underbrace{750,000 \times (280 + 340 \times 6)}_{\text{건축비}} + \underbrace{60,000 \times 450]}_{\text{철거비}} \times 1/1.01^{10} ≒ 1,600,000,000$$원

(3) 업무용 기준 대상토지 가치

개발 후 부동산가치 - 개발비용 ≒ 844,000,000원

3. 개발계획안 3(상업용)

(1) 개발 후 부동산 가치

$2,500,000,000 \times 1/1.01^{14} ≒ 2,175,000,000$원

(2) 개발비용

$[480,000 \times (300 \times 2 + 180 + 320 \times 6) + 60,000 \times 450] \times 1/1.01^{14} ≒ 1,151,000,000$원

(3) 상업용 기준 대상토지 가치

개발 후 부동산가치 - 개발비용 ≒ 1,024,000,000원

4. 최유효이용 판단

물리적·법적 타당성 인정되며, 최고가치를 실현하는 <개발계획안 3>인 <상업용>이 본건 토지의 최유효이용으로 판단됨

Ⅲ. 물음 2, 대상부동산 시장가치 결정

1. 현 상태에서의 대상부동산 가치

(1) 개별물건기준 「감칙 제7조 제1항」

1) 토지 「감칙 제14조 제1항」

일상, 현황 주상용 고려 <#4> 선정(#1: 상업용, #2: 중심상업, #3: 주상나지, #5: 주상기타)

$1,300,000 \times 1.0000 \times 1.000 \times 1.000 \times 1.05 ≒ 1,370,000$원/㎡($\times 500 ≒ 685,000,000$원)

2) 건물

$860,000 \times 23/45 ≒ 440,000$원/㎡($\times 450 ≒ 198,000,000$원)

3) 개별물건 합

토지 + 건물 ≒ 880,500,000원

(2) 일체 수익가액(현황 임대료 기준)

1) 순수익

$[(5,000,000 + 500,000) \times 12 + (700,000,000 + 100,000,000) \times 0.02] \times [1 - 0.03 - 0.2] ≒ 63,410,000$원

2) 일체 수익가액

순수익 ÷ 0.10 ≒ 631,400,000원

(3) 현 상태에서의 부동산 가치 결정

인근지역 개황 고려하여 건부감가 반영된 수익가액으로 결정함

∴ 631,400,000원

2. 대상부동산 시장가치 결정

현 상태의 부동산 시산가액: 631,400,000원
상업용 시산가액(개발법): 1,024,000,000원

① 본건 현황 주상용 건물 수익가액은 인근지역 개황에 따라 주거용이 쇠퇴하고 있음에도 이를 기준으로 임대료가 산정되었다는 점 ② 현황 주상용 건물은 기능적·경제적 건부감가 상태임에도 불구하고 원가법에 의한 건물가액 산정 시 이를 반영하고 있지 못한다는 점 ③ 현황 주상용 기준한 공시지가기준액 또한 상업용으로 이용가능할 경우의 개발이익을 반영하고 있지 못한다는 점 ④ 최유효이용기준의 원칙에 따라 시장가치를 산정하는 감정평가원칙을 고려한다는 점에서 '상업용' 기준 개발대안의 가액으로 시장가치를 결정함

∴ 1,024,000,000원(철거비 고려된 상태)

Ⅰ. 평가개요

본건은 대상부동산에 대한 매입 타당성 및 투자 타당성 분석으로 기준시점은 현재임

Ⅱ. 각 투자안 관계 검토

1. 지분투자액

45억원

2. 각 투자안별 지분투자 가능액

- A: 40억원 × 0.6 ≒ 24억원
- B: 55억원 × 0.6 ≒ 33억원
- 합계: 57억원

3. 양자 관계

각 투자안별 소재지가 달라 물리적 측면에서 상호독립적 투자안이나, 각 투자안별 지분투자액의 합이 전체 지분 투자액보다 크므로 상호배타적 투자안임

Ⅲ. A 투자안 투자타당성

1. 1기 BTCF

(1) NOI

40호 × 1,000,000 × 12 × (1 - 0.05 - 0.15) × 1.02 ≒ 391,680,000원

(2) DS

40억 × 0.4 × MC(6%, 15년) ≒ 164,740,000원

(3) BTCF

NOI - DS ≒ 226,940,000원

2. 현금흐름(단위: 천원)

구분	1	2	3	4	5
NOI	391,680	399,513	407,503	415,653	423,967
DS			164,740		
BTCF	226,940	234,773	242,763	250,913	259,227

3. 기말 지분복귀액

$$45억 - 40억 \times 0.4 \times [1 - \frac{1.06^5 - 1}{1.06^{12} - 1}] ≒ 3,895,487,000원$$

4. NPV

$$[\sum_{n=1}^{5} \frac{BTCF_n}{1.12^n} + \frac{기말지분복귀액}{1.12^5} - \underbrace{2,400,000,000}_{지분투자액}] ≒ 679,357,000원 > 0$$

5. IRR(보간법)

$$2,400,000,000 = \sum_{n=1}^{5} \frac{BTCF_n}{(1+x)^n} + \frac{기말지분복귀액}{(1+x)^5}$$

$x = 18\%$일 때 54,169,000

$x = 19\%$일 때 -33,292,000

$\therefore 0.18 + 0.01 \times 54,169/(54,169 + 33,292) ≒ 0.18619$

6. 투자타당성

상기와 같이 NPV > 0, IRR > 12%(이씨의 투자수익률)인바, 매입 및 투자 타당성은 긍정적임

Ⅳ. B 투자안 투자타당성

1. 1기 BTCF

(1) NOI

$1,250 \times 38,000 \times 12 \times (1 - 0.08 - 0.1) \times 1.03 ≒ 481,422,000원$

(2) DS

$55억원 \times 0.4 \times MC(6\%, 15년) ≒ 226,518,000원$

(3) BTCF

$NOI - DS ≒ 254,904,000원$

2. 현금흐름(단위: 천원)

구분	1	2	3	4	5
NOI	481,422	495,864	510,740	526,062	541,844
DS			226,518		
BTCF	254,904	269,346	284,222	299,544	315,326

3. 기말 지분복귀액

$$60억원 - 55억원 \times 0.4 \times [1 - \frac{1.06^5 - 1}{1.06^{15} - 1}] ≒ 4,332,807,000원$$

4. NPV

$$[\sum_{n=1}^{5} \frac{BTCF_n}{1.12^n} + \frac{기말지분복귀액}{1.12^5} - \underset{지분투자액}{3,300,000,000}] ≒ 172,460,000원 > 0$$

5. IRR

$$3,300,000,000 = \sum_{n=1}^{5} \frac{BTCF_n}{(1+x)^n} + \frac{기말지분복귀액}{(1+x)^5}$$

x = 12%일 때 172,460,000원

x = 14%일 때 –85,855,000원

∴ $0.12 + 0.02 \times 172,460/(172,460 + 85,855) ≒ 0.13335$

6. 투자타당성

상기와 같이 NPV > 0, IRR > 12%인바, 매입 및 투자 타당성은 긍정적임

Ⅴ. 투자안 결정

<투자안 A> 선정

투자안 A, B 지분투자액 기준 '상호배타적 투자안'으로, 'NPV_A > NPV_B'이고 투자안별 IRR 또한 'IRR_A > IRR_B'인바, 투자안 A가 투자안 B 대비 매입 및 투자 타당성이 높음. 다만, 지분투자 가용자금 21억원(45억원 – 24억원)의 '투자안 B'의 일부 지분투자 가능성 또는 'NPV > 0' 투자안의 대체 투자안에 대한 조언도 가능함

문제 57 매입타당성 및 투자타당성 투자의사결정 [40점]

Ⅰ. 평가개요

본건은 대상부동산의 매입타당성 및 투자타당성 분석으로 기준시점은 2025.7.6.임「감칙 제9조 제2항」

Ⅱ. 물음 1, 시장가치 산정 및 매입타당성 검토

1. 대상부동산의 시장가치 <개별물건기준>

(1) 토지「감칙 제14조 제1항」

2종일주, 상업·업무용 기준 <#3> 선정(#1: 도로 상이, #2: 공법상제한 상이)

$1,750,000 \times 1.0000 \times 1.000 \times 1.000 \times 1.00 ≒ 1,750,000$원/㎡(× 800㎡ ≒ 1,400,000,000원)

(2) 건물「감칙 제15조 제1항」

1) 연면적 등

건폐율, 용적률 당시 최대치 적용

- 건축면적: 800 × 0.5 ≒ 400㎡(각 층 동일)
- 연면적: 400 × 6층(지하 포함) ≒ 2,400㎡

2) 적산가액

$1,200,000 \times 25/50 ≒ 600,000$원/㎡(× 2,400㎡ ≒ 1,440,000,000원)

(3) 개별물건 합

토지 + 건물 ≒ 2,840,000,000원

2. 매도자 제시액

3,000,000,000원

3. 매입 타당성 조언

대상 기준시점 현재 시장가치 대비 매도자 제시액이 약 1억 6천만원 높은 상태로 제시액 자체로는 매입 타당성 없으나, 약 5%의 추가 지불금액은 부동산 개발 및 투자자 입장에서 수용 가능한 부분으로 개발이익이 발생할 경우 이를 상쇄될 수 있고 현황 공실부분에 대한 임대가능성을 고려하여 매입 타당성 인정된다고 판단됨. 다만, 이하에서는 운영 후 매각에 따른 투자 타당성을 검토하여 매도 제시액에 대한 타당성을 추가적으로 검토함

Ⅲ. 물음 2, 투자타당성 검토

1. 현금유출의 현가

매도자 제시액을 유출로 보되, 지분투자액만 고려함

∴ 2,000,000,000원

2. 현금유입의 현가

(1) 1기의 BTCF

1) PGI(임대면적과 건축면적 동일)

현황 공실 부분 임대가능 기준

$$(20,000 + 12,000 + 20,000 \times 50/100 + 9,000 \times 2) \times 400㎡ \times (\underset{지불}{12} + \underset{보·운·이}{10 \times 0.03}) + \underset{관리비}{8,000 \times 400 \times 5층 \times 12}$$

≒ 487,200,000원

2) NOI

$$PGI \times 0.95 - \underset{OE}{8,000 \times 400 \times 5 \times 12 \times 0.8} ≒ 309,240,000원$$

3) DS

$1,000,000,000 \times MC(6\%, 20년) ≒ 87,185,000원$

4) BTCF

$NOI - DS ≒ 222,055,000원$

(2) 기말지분복귀액

1) 매도가액

6기 $NOI \div 0.08 ≒ 3,865,500,000원$

2) 미상환 저당잔금

$$1,000,000,000 \times [1 - \frac{1.06^5 - 1}{1.06^{20} - 1}] ≒ 846,758,000원$$

3) 기말지분복귀액

매도가액 - 미상환 저당잔금 ≒ 3,018,742,000원

(3) 현금유입의 현가

$$\sum_{n=1}^{5} \frac{BTCF_n}{1.15^n} + \frac{기말지분복귀액}{1.15^5} ≒ 2,245,211,000원$$

3. NPV

현금유입의 현가 - 현금유출의 현가 ≒ 245,211,000원 > 0

4. 투자 타당성 조언

'NPV > 0'인바, 대상부동산에 대한 투자 타당성 인정됨. 또한, 매도자 제시액인 30억원을 현금 유출로 인식하여도 'NPV > 0'인 결과가 도출되었는바, 시장가치 대비 다소 높은 매도인 제시액의 매입 타당성이 인정됨. 다만, ㈜J개발의 요구수익률, 기출환원율 및 공실률 변화에 따라 투자 타당성 여부가 변화될 수 있음에 유의함

Ⅰ. 평가개요

- 대상: 복합부동산
- 목적: 담보평가
- 기준시점: 2025.6.25. (가격조사완료일)「감칙 제9조 제2항」
- 기준가치: 시장가치「감칙 제5조 제1항」

Ⅱ. 담보 감정평가액「감칙 제7조 제1항」

1. 처리방침

① 타인점유 토지부분 안정성 고려 평가외 처리

② 현황 도로 부분은 S은행과의 협약고려하여 평가외 처리

③ 제시외 건물은 구조 등 고려 단독효용가치 희박한바, 평가외 처리

2. 토지(B동 400-11)

(1) 공시지가기준법「감칙 제14조 제1항」

1) 표준지 선정

   3종일주, 주거용 고려 <#2> 선정(#1, 5: 이용상황 상이, #3: 도로 상이, #4: 용도지역 상이)

2) 지가변동률(B구, 주거)

   2025.1.1.~2025.6.25.

   $1.0015 \times (1 + 0.0003 \times 25/31) ≒ 1.00174$

3) 그 밖의 요인

   담보목적, 기준시점 최근 사례인 <평가사례 B> 선정(사례 A: 시점 열세, 사례 C: 평가목적 상이)

   $$\frac{3,150,000 \times {}^{*}1.00018 \times 1.000 \times 1.000}{2,230,000 \times 1.00174} ≒ 1.410$$

   ※ 2025.6.7.~2025.6.25. 주거지역
      $(1 + 0.0003 \times 19/31)$

   ∴ <1.41>로 결정

4) 공시지가기준액

   $2,230,000 \times 1.00174 \times 1.000 \times 100/100 \times 1.41 ≒ 3,150,000$원/㎡

(2) 거래사례비교법 「감칙 제14조 제3항」

토지만의 사례, 사정개입 없는 <거래사례 1> 선정(사례 2: 급매 사정개입)

$400,000,000 × 1.00 × {}^{*}1.00160 × 1.000 × 100/102 × 1/125㎡ ≒ 3,140,000원/㎡$

※ 2025.1.15.~2025.6.25.

    $(1 + 0.0015 × 137/151) × (1 + 0.0003 × 25/31)$

(3) 토지가액 결정

양자 유사한바, 「감칙 제12조 제2항」 합리성 인정. 담보목적 및 안정성 고려 아래와 같이 결정함

∴ $3,140,000원/㎡ × (120㎡ - 10㎡) ≒ 345,400,000원$

3. 건물 「감칙 제15조 제1항」

제시외 건물 감정평가외

$1,050,000 × 10/45 ≒ 233,000원/㎡(× 140 ≒ 32,620,000원)$

4. 대상 담보가액

토지 + 건물 ≒ 378,350,000원

Ⅰ. 평가개요

- 평가대상: 복합부동산
- 평가목적: 경매
- 기준시점: 2025.7.8.「감칙 제9조 제2항」
- 기준가치: 시장가치「감칙 제5조 제1항」

Ⅱ. 토지

1. 처리방침

① 기호 1 토지 중 타인 소유 건물 소재하는 부분인 10㎡(5㎡/0.5, 건폐율 고려)은 타인 소유 건물 소재에 따른 불리한 정도 (30% 감가)를 감안하여 평가함

② 기호 2 토지는 기호 1 토지의 진출입로로 현황 "사실상 사도"로 기호 1 토지의 1/3 이내로 평가함

③ 기호 1 토지: 세로(가) 가장형, 평지

2. 기호 1 토지 정상 부분

(1) 표준지 선정

생산관리, 주거용, 세로(가) 기준 <표준지 #나> 선정(#가: 이용상황 상이, #다: 도로 상이)

(2) 시점수정치

2025.1.1.~2025.7.8. 생산관리

$1.0230 \times (1 + 0.0075 \times 8/30) \fallingdotseq 1.02505$

(3) 지역요인 비교치

인근지역 1.000

(4) 개별요인 비교치

1.000

(5) 그 밖의 요인 비교치

1) 사례 선정

생산관리, 주거용, 세로(가) 기준 <평가사례 B> 선정(A: 이용상황 상이, C: 도로 상이)

2) 격차율 산정

$$\frac{3,090,000 \times {}^*1.01728 \times 1.000 \times 103/98}{2,570,000 \times 1.02505} ≒ 1.254$$

* 2025.3.3.~2025.6.23.

$(1+0.0230 \times 120/181) \times (1+0.0075 \times 8/30)$

3) 격차율 결정

상기와 같이 산정된 바, <1.25>으로 결정함

(6) 공시지가기준액

$2,570,000 \times 1.02505 \times 1.000 \times 1.000 \times 1.25 ≒ 3,290,000원/㎡(\times 415㎡ ≒ 1,365,350,000원)$

3. 기호 1 토지 타인 소유 건물 부분

$2,570,000 \times 1.02505 \times 1.000 \times 1.000 \times 1.25 \times \underset{\text{감가 적용}}{(1 - 0.3)} ≒ 2,300,000원/㎡(\times 10㎡ ≒ 23,000,000원)$

4. 기호 2 토지

$2,570,000 \times 1.02505 \times 1.000 \times 1.000 \times 1.25 \times \underset{\text{사실상 사도}}{1/3} ≒ 1,100,000원/㎡(\times 20㎡ ≒ 22,000,000원)$

5. 토지 감정평가액 합계

1,410,350,000원

Ⅲ. 건물

1. 처리방침

D씨 소유 기호 가 건물, 제시외 건물은 평가하되, 타인 소유 건물은 평가 제외함

2. 기호 가 건물

$900,000 \times 13/40 ≒ 293,000원/㎡(\times 212.5㎡ ≒ 62,262,000원)$

3. 제시외 건물

주 건물 기준 감가수정 결정

$800,000 \times 13/40 ≒ 260,000원/㎡(\times 14㎡ ≒ 3,640,000원)$

4. 건물 합계

65,902,000원

Ⅳ. 대상부동산 경매평가액

토지 + 건물 ≒ 4,476,252,000원

문제 60 담보평가, 경매평가 목적별 감정평가방식 [40점]

Ⅰ. 평가개요

본건은 복합부동산에 대한 담보 및 경매목적의 감정평가로 기준시점은 2025년 7월 1일임.

Ⅱ. 대상물건의 확정

1. 토지

권리관계는 등기 기준, 물적특성은 대장을 기준함(이하 동일)

지목: 대

면적: 182 × 400/121 ≒ 601.65㎡

2. 건물

C동 1번지 위 지상 소재, 주상용, 5층 단독주택 부분 250㎡ 기준

Ⅲ. 물음 1. 담보평가

1. 처리방침

① 「감칙 제6조 제1항」 의거 공법상 제한인 문화재보호구역 및 도시계획시설도로 저촉은 제한받는 상태를 기준하되(이하 동일), ② 현황도로 및 타인점유부분, 제시외건물은 담보협약 및 담보평가목적 고려하여 감정평가 외 처리함

2. 토지 「감칙 제14조 제1항」

(1) 표준지 선정

2종일주, 주상용, 주위환경 기준 <표준지 #1> 선정

(2) 공시지가기준액

$$5,150,000 \times {}^*1.02740 \times 1.000 \times (\underbrace{\frac{0.7}{0.85 + 0.15 \times 0.7}}_{\text{도로저촉}} \times \underbrace{0.9}_{\text{문화재보호구역}}) \times 1/0.8 ≒ 4,360,000원/㎡$$

(× **551.65㎡ ≒ 2,405,194,000원)

* 시점수정(2025.1.1.~2005.7.1., 분당구 주거지역)

  1.00512 × 1.00235 × 1.00901 × 1.00623 × 1.00225 × 1.00225

**평가면적: 601.65㎡ - 30㎡ - 20㎡

264 해커스 감정평가사 ca.Hackers.com

3. 건물 「감칙 제15조 제1항」

(1) 적용단가

정액법, 경제적 내용연수, 잔가율 0 기준

건물의 경우에도 도시계획시설도로에 저촉 감가 적용함

철근콘크리트조 주상용 기준

$$1,350,000 \times \times 0.7 \times \frac{50-23}{50} \fallingdotseq 510,000원/㎡$$

(2) 적산가액

$$510,000 \times (\underbrace{500 \times 0.7}_{지하} + \underbrace{280 \times 4 + 250}_{지상}) \fallingdotseq 877,200,000원$$

4. 담보평가액

토지 + 건물 ≒ 3,282,394,000원

IV. 물음 2, 경매평가

1. 처리방침

① 현황도로 부분은 화체이론에 의거 편익을 받는 토지가액의 3분의 1 이내로 평가하며(「토지보상법 시행규칙 제26조 제2항」 '사실상 사도' 보상규정 준용), ② 타인점유부분은 건물이 토지에 미치는 영향을 고려하여 5% 감가 평가함. ③ 제시외건물은 건물 소유자와 동일 소유자의 종물로 주물 처분에 따르므로 평가대상에 포함함

2. 토지

(1) 대지부분

4,360,000원/㎡

(× 551.65㎡ ≒ 2,405,194,000원)

(2) 도로부분

4,360,000 × 1/3 ≒ 1,450,000원/㎡

(× 30㎡ ≒ 43,500,000원)

(3) 타인점유부분

4,360,000 × (1-0.05) ≒ 4,140,000원/㎡

(× 30㎡ ≒ 124,200,000원)

(4) 소계: 2,572,894,000원

3. 건물

담보평가액과 동일함

4. 제시외건물

$$350,000 \times 0.7 \times \frac{30 - 20}{30} \fallingdotseq 82,000원/㎡$$

$(\times 25㎡ \fallingdotseq 2,050,000원)$

5. 경매평가액

토지 + 건물 + 제시외건물 $\fallingdotseq 3,452,144,000$원

MEMO

MEMO

이성준

약력
감정평가사 자격시험 법규 수석 합격
한성대학교 부동산학과

현 | 해커스 감정평가사 감정평가실무 전임교수
현 | 한국감정평가학회 정회원
현 | 써브감정평가법인
현 | 서울YMCA 시민중계실 위원
전 | 동인감정평가법인
전 | 합격의법학원 감정평가실무 전임교수

저서
해커스 감정평가사 이성준 감정평가실무 2차 기본서
해커스 감정평가사 법전
해커스 감정평가사 이성준 감정평가실무 2차 문제집 기초
해커스 감정평가사 이성준 감정평가실무 2차 기출문제집

2026 대비 최신판

해커스 감정평가사

이성준 감정평가실무 2차 문제집 [기초]

초판 1쇄 발행 2025년 6월 2일

지은이	이성준 편저
펴낸곳	해커스패스
펴낸이	해커스 감정평가사 출판팀
주소	서울특별시 강남구 강남대로 428 해커스 감정평가사
고객센터	1588-2332
교재 관련 문의	publishing@hackers.com
	해커스 감정평가사 사이트(ca.Hackers.com) 1:1 고객센터
학원 강의 및 동영상강의	ca.Hackers.com
ISBN	979-11-7404-176-0 (13360)
Serial Number	01-01-01

한 번에 합격!
해커스 감정평가사 ca.Hackers.com

해커스 감정평가사

• 이성준 교수님의 **본 교재 인강**(교재 내 할인쿠폰 수록)
• 해커스 스타강사의 **감정평가사 무료 특강**